ちくま新書

和辻哲郎 建築

三嶋輝夫
Mishima Teruo

1643

和辻哲郎 建築と風土【目次】

はじめに

哲学者、和辻哲郎（一八八九〜一九六〇）についてはすでに幾多の書物と論文が書かれているが、そのほとんどは倫理学に関するものであり、建築論について言えば、桂離宮論を取り上げたものは若干あるものの、建築論全体を主題的に取り上げた論考は管見の限り皆無に近いように思われる。

ところが読者は、その独立した建築論である『桂離宮』のみならず、『古寺巡礼』や『イタリア古寺巡礼』においても意外なほど多くの建築についての精緻な観察と分析に出会うのである。

しかし翻って考えてみれば、和辻がその哲学的出世作にして代表作とも言うべき『風土』においてすでに、同い歳のハイデガーへの対抗意識と批判から、時間性に対して空間性を対峙させ、具体的人間存在にとっての後者の枢要性を力説するとともに、「ウチ」と「ソト」という概念を手がかりとして、間柄と建築の相関を鮮やかに析出して見せたことを思えば、意外に思う方が迂闊なのかもしれない。そして実際、倫理学者の無関心ぶりとは対照的に、後にみるように、我が国を代表する建築家、建築史家は、和辻の風土論と建築論に一方ならぬ関心を示してきたのである。

以下の論考の目的は、従来、哲学プロパーの研究者たちによって顧みられることのあまりにも少なかった和辻の建築論に焦点を合わせ、それが内包する人間学的・建築学的な射程を、その広がりと深さにおいて示すことにある。

しかし本論に入る前にここで暫し足を止め、先ず和辻のプロフィールを簡単に紹介することとしたい。その上で、これから我々が和辻とともに出発する建築と風土を訪ねての旅の旅程の概略を示すことにする。

和辻哲郎は一八八九年に兵庫県の医者の息子として生まれた。中学卒業後、上京して第一高等学校、東京帝国大学を卒業し、弱冠二十四歳で『ニイチェ研究』を刊行する。その後、東洋大学、法政大学教授を歴任後、一九二五年に京都帝国大学に赴任。一九二七年から二八年にかけてドイツに留学、本書にもあるように、その間にドイツのみならずフランス、イタリアなどを旅行し、その風土と建築ならびに美術作品に直接触れる機会を得た。

主要著作としては、本書で取り上げるものの他に、『人間の学としての倫理学』『倫理学（上・下）』『日本倫理思想史（上・下）』などがある。

さて、建築と風土を訪ねての我々の旅の旅程を示せば、以下の通りである。

我々は先ず、若き和辻とともに大和路に足を運び、新薬師寺を皮切りに、唐招提寺、法隆寺などの名刹を訪ね、和辻の案内のもと、その建築の醍醐味を味わう。次いで留学先のドイツからフランスを経てイタリアを旅した和辻一行に従って、ジェノアからローマ、さらにはペストゥームやシシリーのタオルミーナ、シラクーサ、アグリジェントの古代遺跡を巡る。

アルプスの南を旅した後に、我々は和辻の本来の滞在地であるドイツに戻って、アルプスの北の建築と風土、さらには人と人の間柄の独自性に目を向けることにする。世界的に有名なイタリアの観光名所に比べれば地味ではあるものの、ドイツの小都市の建築もまた捨て難い魅力を具えていることが読者にもお分りいただけるのではないかと思う。

我々の旅は大和路に始まったが、ヨーロッパの旅を経て最後に訪れるのは、再び日本、そう、桂離宮である。我々は和辻が著した三つの桂論、すなわち、「桂離宮　印象記」『桂離宮――製作過程の考察』『桂離宮――様式の背後を探る』の三冊をガイドに、和辻の立論に対する批判と応答も参照しつつ、この日本を代表する名建築の生成と美の秘密に迫ることとしよう。

第一章

間柄と建築

——『風土』における「ウチ」の分析

和辻哲郎（ドイツ留学前後の時期に撮影）

それでは和辻の建築論が持つ特色とその魅力はどこにあるのであろうか。後に見るように、和辻は個々の建築物についてロマネスク、ゴシックなど美術史的に確立された様式による分類も行っているが、当然ながらそのような一般的なアプローチに特色があるわけではなく、その本領は風土及び間柄と建築の相関に関する着眼と分析にある。そこで我々は、具体的な建築論の検討に入る前に、和辻倫理学というよりは和辻の思索全体の基盤を成すと思われる風土論について、おさらいしておくこととしよう。

1　台風的性格

周知のごとく、『風土』においては、「モンスーン」、「沙漠」、「牧場」の風土の三類型――それはあくまでも「理念型」(Idealtypus) のようなものとして理解されるべきものであろう――が導入され、それぞれ東アジア、中東、ヨーロッパに割り振られている。そして日本は「シナ」とともに「モンスーン的風土の特殊形態」として位置づけられるとともに、その独自の「台風的性格」によって、風土も人間の性格も大陸的な「シナ」と大きく相違することが強調されている。すなわち和辻によれば、海に囲まれ豊富な水を浴びせられる点では他のモンスーン域とも共通するが、その水が日本にあっては「一方においては『台風』というごとき季節的ではあっても突発的な、従ってその弁証法的な性格とその猛烈さとにおいて世界に比類なき形を取り、他方においてはその積雪量において世界にまれな大雪の形を取る」とされる（『風土』一三五頁）[1]。

　そしてまさにこの「大雨」と「大雪」という二重現象において、日本の風土は「熱帯的・寒帯的の二重性格」をもつ、「モンスーン域中最も特殊な風土」として規定されるのである。当然ながら、このような風土の特殊性は、家屋構造とその素材の選択にも影響を及ぼさざるを得ないことが予想される。

　続けて和辻は、このような風土がその内に住む日本人のエートスにも独特な刻印を押していることを強調する。この点は直接的に建築と結びつくものとは見えないかもしれないが、実は和辻の〈「家」（イエ）即「内」（ウチ）論〉の基礎を形づくるものなので、その要点だけ示しておけば、以下の通りである。

　まず第一に、モンスーン域に住む住民全般に共通する「受容性」が、日本人にあっては「熱帯的・寒帯的」な特殊性を帯びていることが指摘される。それは「単に熱帯的な、単調な感情の横溢でもなければ、また単に寒帯的な、単調な感情の持久性でもなくして、豊富に流れ出でつつ変化において静かに持久する感情」である（同、一三六頁）。それはまた「四季おりおりの季節の変化」の著しさに応じて、「調子の早い移り変わりを要求する」のである。そのようなものとして、日本人の受容性は「大陸的な落ちつき」を持たず、「はなはだしく活発であり敏感である」のであり、「疲れやすく持久性を持たない」と診断される。ここでまず注目されるのは、「熱帯的・寒帯的」という表現に典型的に見られるように、「撞着語法」(oxymoron《オクシモロン》)、すなわち一見したところ相反するように思われる属性が組み合わされて、日本的エートスの特質の記述に用いられていることである。後に見るように、この語法は建築美の分析においても多用されることになる。

第二に、モンスーン域の人間に共通する「忍従性」もまた「日本の人間において特殊な形態」、すなわち「熱帯的・寒帯的」二重性格を帯びているとされる。そして再び撞着語法を駆使して、その二重性格を「単に熱帯的な、従って非戦闘的なあきらめでもなければ、また単に寒帯的な、気の永い辛抱強さでもなくして、あきらめでありつつも反抗において変化を通じて気短に辛抱する忍従である」と特徴づけている(同、一三七頁)。

以上の観察と分析に基づいて、和辻は次のように結論する。

「そこで日本の人間の特殊な存在の仕方は、豊かに流露する感情が変化においてひそかに持久しつつその持久的変化の各瞬間に突発性を含むこと、及びこの活発なる感情が反抗においてあきらめに沈み、突発的な昂揚の裏に俄然たるあきらめの静かさを蔵すること、において規定せられる。それはしめやかな激情、戦闘的な恬淡である。」(同、一三八頁)

そして和辻は以上の如き日本的風土とエートスの相関を基として、その「客観的表現」としての「家」の分析に着手するのである。

2 「間柄」と「家」――「ウチ」の分析

†人倫の要としての「家」

和辻によれば「人間の第一の規定は個人にして社会であること、すなわち『間柄』における人であること」に存するのであり、「その特殊な存在の仕方はまずこの間柄、従って共同態の作り方に現われてくる」とされる（同、一三八頁）。

そして和辻はこの和辻倫理学のキーワードとも言うべき「間柄」を「間」とも言い換え、その分析を男女の「間」から始めている。その分析によれば、男女は互いの「間」においてそれぞれが「男」あるいは「女」としての役割を担うのであり、「この役目を持ち得ない『人』はいまだ男にも女にも成っていないのであって、『人』は独身であることができるにしても『男女』は互いに相手なくしては存在し得ない」とされる（同、一三九頁）。

続けて和辻は、日本における「男女の間」の特質に触れ、次の四つを挙げている。すなわち、その第一は、「しめやかな情愛」に基づいて「全然距てなき結合」を目ざすことであり、第二はそのしめやかな情愛が「激情的」にまでに高まること、第三は「肉体的生命を惜しまない恋愛の勇敢」になること、そして最後の特質は「突如たるあきらめ」に急変し得ることである。このような特質が、「夫婦」や「親子」といった、より発展した人倫の諸形態の統合態としての「家」にまで、そのまま流れ込んでいることが指摘される。

和辻によれば、人倫の要としての「家」は「家族の全体性」を意味するとともに、その本質的特徴は「この全体性が歴史的に把捉せられているという点」にあるとされる。すなわち、現在の家族は、現在のみならず過去未来を貫く「家」の全体性に対して責任を負うのであり、「家族の全体性が個々の成員よりも先であることは、この『家』において最も明白に示されている」のである（同、一四二頁）。

そして先に見た「日本的なる恋愛の特殊性」が家族相互の間にも妥当すると言う。ここで問題になるのは、男女の間に代えて、家族を構成する夫婦、親子、兄弟の「間」であるが、和辻はその特質として再び以下の四点をあげる。まず、その第一は、「全然距てなき結合を目ざすところのしめやかな情愛」であることであり、それは「利己心を犠牲にすること」において「自他不二」の理念の実現を志向する。第二に、そのようなものとして「それはしめやかであると同時に激情的になる」のであり、「家の全体性のゆえに個人を圧服し切るほどの強い力」を持つに至る。その帰結として第三の特質、すなわち「生命を惜しまない勇敢な・戦闘的な態度」が発現するのであり、『曽我物語』に典型的に見られるように、「親のために、また家名のために、人はその一生を犠牲にする」ことも可能となるのである。このように「家の全体性は常に個人よりも重い」のであるが、そのことは第四の特質に直結する。親のため、子のため、あるいは「家」のため、「人はきわめて恬淡に己れの命をも捨てた」のであり、和辻によればそのような自己犠牲こそ「我々の歴史において最も著しい現象である」とされる（同、一四三頁）。

†「うち」と「そと」

このように、我が国における「家」と家族の「間」に分析を加えた後、翻って和辻はかかる伝統的な「家」観念が現代日本——と言っても昭和初期であるが——にも通用するかどうか、自問する。

「ヨーロッパの近代資本主義は人間を個人として見ようとする。家族もまた経済的利害による個人の結合として理解せられる。しかし資本主義を取り入れた日本人は『家』において個人を見ず、個人の集合において家を見るようになったであろうか。」（同、一四四頁）

その問いに対する和辻の答えは明快である。

「我々はしかりとは答えることができぬ。」（同前）

そしてこの答えの基となっている考えこそ、日本人の間柄と家屋の構造についての人間学的・建築学的な洞察に他ならない。和辻は言う。

「最も日常的な現象として、日本人は『家』を『うち』として把捉している。家の外の世間が『そと』である。そうしてその『うち』においては個人の区別は消滅する。妻にとっては夫は『うち』『うちの人』『宅』であり、夫にとって妻は『家内』である。家族もまた『うちの者』であって、外の者との区別は顕著であるが内部の区別は無視せられる。すなわち『うち』としてはまさに『距てなき間柄』としての家族の全体性が把捉せられ、それが『そと』なる世間と距てられるのである。」（同前）

和辻によれば、このような区別はヨーロッパの言語には見いだされないのであり、部屋や家屋の内外の区別が同時に人間相互の「間柄」までも意味することはないのである。ヨーロッパにおいて「日本語のうち・そとに対応するほど重大な意味を持つのは、第一に個人の心の内と外であり、第二に家屋の内外であり、第三に国あるいは町の内外である。」ことが強調される。続けて和辻はこのような日本語特有の言語表現が、「家」すなわち家屋の構造にそのまま客体化されていることを指摘する。

「かく言語において表現せられていることは同時に『家』の構造にも現わされている。すなわち人間の間柄としての家の構造はそのまま家屋としての家の構造に反映しているのである。まず第一に『家』はその内部において『距てなき結合』を表現する。どの部屋も距ての意志の表現としての錠前や締まりによって他から区別せらるることがない。すなわち個々の部屋の区別は消滅している。」（同、一四五頁）

日本家屋において仕切りとして用いられる「襖」や「障子」もまた、和辻によれば「それはただ相互の信頼において仕切られるのみであって、それをあけることを拒む意志は現わされておらぬ」とされる。

しかし和辻の観察によれば、こうした「家屋」即「家族」の内部における「距てなき間柄」は、「そと」に対しては一転して「距て」の意志を露にするのである。

「第二に『家』はそとに対して明白に区別せられる。部屋には締まりをつけないにしても外に対しては必ず戸締まりをつける。のみならずその外にはさらに垣根があり塀があり、はなはだしい時には逆茂木《さかもぎ》や濠《ほり》がある。そとから帰れば玄関において下駄や靴をぬぎ、それによって外と内とを截然区別する。そとに対する距てが露骨に現われているのである。」（同前）

戸建ては別として、マンション暮らしの人間が増えている今日の日本の住宅事情からすれば、以上の記述はいささかオーヴァーに見えるかもしれないが、しかしこの点については建築家の芦原義信氏も指摘するように、今日のマンションにおいても玄関の入り口には段差が設けられ、その住人もまた〈たたき〉もしくは〈土間〉に相当する場で靴を脱ぎ、一段上がったところで室内用のスリッパに履き替えるのが一般的である。(2) 西欧とは異なり、我が国において〈土足で上がり込む〉のは、今なお強盗ぐらいのものであろう。

3　家と町の間

†家と町

和辻は前節で見たような我が国における間柄と家の造りの相関の独自性が、家の集合としての〈町〉との関係性においても、きわめて特殊な関係を生み出していることを指摘する。

「かくのごとき家が日本においては依然として存続している。そうして単に外形的にのみならず生活の仕方をも規定しているのである。それが人間の存在の仕方としていかに特殊的であるかは、ヨーロッパのそれと比較することによって明らかになる。」(同、一四五頁)

ここにおいても対比のポイントは、家屋の構造と人間相互の間柄の照応である。

「ヨーロッパの家の内部は個々独立の部屋に区切られ、その間は厚い壁と頑丈な戸とによって距てられている。その戸は一々精巧な錠前によって締まりをすることができ、従ってただ鍵を持つもののみが自由に出入し得るのである。これは原理的に言って個々相距てる構造と言わねばならぬ。」（同前）

　そこにおける「そと」と「内」の関係は、日本におけるそれと反転する。

「一方では日本の家に当たるものが戸締まりをする個人の部屋にまで縮小せられるとともに、他方では日本の家庭内の団欒に当たるものが町全体にひろがって行く。そこには『距てなき間柄』ではなくして距てある個人の間の社交が行われる。しかしそれは部屋に対してこそ外であっても、共同生活の意味においては内である。町の公園も往来も『内』である。（…）人はきわめて個人主義的であり従って距てがあるとともに、またきわめて社交的であり従って距てにおける共同に慣れている。すなわちまさしく『家』に規定せられるということがないのである。」（同、一四六頁）

†日本人をもっとも不安ならしめるもの

　同様の観察は、「ロ　日本の珍しさ」として項を改めてさらに敷衍される。内容的には重複する部分も少なくないが、住居および住人の暮らしぶりについて、より具体的な描写がなされているので、一瞥しておくこととしたい。

まず住居については、次のように述べられる。

「ヨーロッパの都市の家は、豪富の人をのぞいて、個人が一つの『建物』を占居するのではない。建物をはいると左右に一戸ずつの『家』がある。階段をのぼればそこにも左右に一戸ずつの家がある。五階ならば十戸、六階ならば十二戸が廊下に面して存している。（…）この廊下はいわば道路の延長である。否、本来の意味における往来である」（同、一六一〜一六二頁）。この「往来」としての廊下は、郵便や書籍などを配達する者が自由に往き来する場であり、「往来は個人の室の前まで来ていることになる」。すなわち、「個人が直接に往来に、従って町に接触するのである」（同、一六二頁）。

そしてそこに住む者の暮らしぶりはと言えば、室の前の廊下を経て建物の外の廊下＝道路を通って飲食店で食事をしたり、「あるいはカフェーへ行って一杯のコーヒを前にして音楽をききカルタを弄ぶ」のであり、その人にとって「カフェーは茶の間であり、往来は廊下」に他ならず、「この点から言えば町全体が一つの『家』になる」とされる（同、一六二〜一六三頁）。「鍵をもって個人が社会からおのれを距てる一つの関門を出れば、そこには共同の食堂、共同の茶の間、共同の書斎、共同の庭がある」のである（同、一六三頁）。

これに対して、まさに「この共同的であること」こそ、「日本人を最も不安ならしめるもの」であることを和辻は指摘し、その証拠として「日本における最も強い『へだて』が、家と外なる世界との間に存することによって顕わにされている」(同、一六四頁)ことを挙げている。

この「へだて」をめぐる日欧の対比の中で、和辻はヨーロッパにおける町の城壁に言及しているが、この点については、後にドイツのローテンブルクを取り上げる際にあらためて参照することとし、ここで若き和辻の青春のモニュメントとも言うべき『古寺巡礼』に目を転じ、その中にすでに認められる建築への並々ならぬ関心を、唐招提寺論を中心に確認しておくこととしたい。

註

(1) 頁の数字は、『和辻哲郎全集』(以下、『全集』と略)岩波書店、第八巻(一九六二年)所収、『風土』による。以下、和辻の著作からの引用文と頁の数字は、この全集版による。なお他の著者による著作も含め、出版年は西暦で統一し、適宜、仮名遣いを改め、またルビを加えた。

(2) 建築家の芦原義信も和辻を引きながら、この点を強調している。『街並みの美学』岩波同時代ライブラリー、一九九〇年、五〜一〇頁参照。

第二章

天平の甍

──『古寺巡礼』と唐招提寺論

唐招提寺金堂（著者撮影）

1　「屋根の勾配」と「縁側の工合」

「昨夜父は言った。お前の今やっていることは道のためにどれだけ役にたつのか、頽廃した世道人心を救うのにどれだけ貢献することができるのか。この問いには返事ができなかった」（『古寺巡礼』一八頁）[1]との印象的な一文でも有名な『古寺巡礼』であるが、そのような煩悶を内に抱えながらも、和辻の眼は自ずと美しいものに惹き付けられるようである。その惹き付けられる先にあるのは、何よりもまず仏像であるが、しかし注意して読むと、意外なまでに建築への言及が多いことに気づく。本章で取り上げるのは、この建築への眼差しである。

建築への言及は随所に見られるが、先の有名な内省と同じ日付（五月十七日）の日記にすでに次の文章が見られる。

「水の音がしきりに聞こえている。南禅寺の境内からここ（引用者註――南禅寺畔の叔父の家と思われる）の庭へはいって、つつじの間を流れて池になり、それから水車を回して邸外へ出るのである。蘭学者新宮涼庭が、長崎から帰って、ここに順正書院という塾を開いたとき、自分が先に立って弟子たちといっしょに加茂河原から石を運んで、流れや池を造ったのだという。家もその時のままである。頼山陽が死ぬ前一二年の間はしょっちゅうここへ遊びに来ていた。この部屋に山陽が寝たこともあるかも知れない。水車はそのころから自分の家で食う米をついていたらしい。——建築は普通の書院づくりではあるが、屋根の勾配や縁側の工合などは、近頃の建築に見られない大様ないい味を見せている。天保時代ですらこの方面では今よりも偉かったと思わずにはいられない。」（同、一九〜二〇頁）

　この簡単なメモのような文章の中にも、後年の力作『桂離宮』における和辻の着眼の特色がすでに現れているように思える。それはまず、流れ、池、水車といった建物が置かれている空間全体への眼差し——建築でいえば配置図的な視点——であり、やがてより展開された形で『桂離宮』の序を成す視点である。次に蘭学者の新宮涼庭や頼山陽といった人物に思いを馳せつつ、想像もしくは推理を逞《たくま》しくしていることである。このようないわば推理癖とでもいった特徴もまた、『桂離宮』においてより大規模な形で現れる特色である。そして第三の特色——これが我々の論究にとって一番重要な点であるが——は、建築についての批評に見られる様式についての知識と「屋根の勾配」や「縁側の工合」への注目である。すぐ見るように、唐招提寺の建築についての分析の核心を成すのは、その「屋根の勾配」への注目であり、また後に見るように「縁側の工合」への注目は桂離宮新御殿の分析において重要な役割を担うのである。

2　パースペクティヴとアイティオロジー

†建築を訪ね歩く

『古寺巡礼』における建築論のハイライトは唐招提寺論と法隆寺論であるが、それ以外にも建築についての興味深い言及が随所にちりばめられている。すでに見た南禅寺での内省の一夜の翌朝、和辻は若王子にあるF氏の住まいを訪ねる。和辻は明らかにしていないが、F氏とは横浜にある三渓園で有名な財界の重鎮原三渓の大番頭と言われた古郷時侍《ふるごうときまち》を指すと思われる。この推定が正しいとすれば、現在その住居は密語庵の名称で登録有形文化財に指定されている。文化庁の国指定文化財等データベースの解説文には以下の記述がある。

「若王子神社に隣接する広大な敷地に南面して建つ、上質の瀟洒な数寄屋造りの住宅。中央に玄関部を置き西側に居住部分、東側に茶室や客室を配する構成になる。原三渓の番頭古郷時侍の旧宅で、後和辻哲郎や岡崎桃乞が居住、現在は哲学者梅原猛の居宅である。(2)」

この建物について、和辻自身は次のように記している。

「ここの建築は、もと五条坂の裏通りにあって、清水焼きの職工の下宿屋となっていたのを、F氏が偶然散歩の途上に見つけて、ついにここに移したのだという。ひどく荒れていた柱や板を洗ったり磨いたりして見ると、実にしゃれた茶室や座敷が出て来た。屋根の鬼瓦に初代道八の作があったと言われているから、たぶん文化ごろの建築であろう。非常に繊巧なもので、すみずみまで気が配ってある。茶室のほかに座敷が二間、二階一室で、坪数はわずかであるが、廊下や一畳二畳の小間を巧みにあしらって、心理的には非常に広く感じさせるようにできている。簡素な味がないから、永くなれば飽きるかも知れぬが、しかし江戸時代の文化が最も繊細になったころの建築として、非常に興味深いものである。」（『古寺巡礼』二〇〜二一頁）

筆者は梅原氏の生前、旧友の案内で当時の梅原邸を訪問し、幸運にも居間を拝見する機会を得たが、残念ながらそれ以外の部分を見ることはできなかった。また和辻が同屋敷を訪れた後に幾度か手が加えられたであろうことを考えると、引用にある記述の正確さを確かめることはできないが、間取りより何より、居間からの眺めと、東山の山腹の緑に埋もれるような家全体の佇まいに深く感じ入った次第である。

†新薬師寺

この後、和辻一行は京都を後にして奈良に向かっている。奈良で最初に訪れたのは新薬師寺である。その途上でも、若き和辻の研ぎすまされた感性は働き続けることを止めない。和辻は言う。

「道がだんだん郊外の淋しい所へはいって行くと、石の多いでこぼこ道の左右に、破れかかった築泥《ついじ》が続いている。その上から盛んな若葉がのぞいているのなどを見ると、一層廃都らしいこころもちがする。幼いころこういう築泥を見なれていた自分には、さらにその上に追懐から来る淡い哀愁が加わっているように思われる」（同、二九頁）。いかにも文学青年らしい感傷に満ちた述懐である。ただ残念なことには、現在では新薬師寺周辺にそのような雰囲気を漂わせる道はあまり見当たらないようである。

さて和辻は感傷に浸るだけではなく、道に接する家々の造りの細部についての観察も怠らない。

「壁を多く使った切妻風の建て方も、同じ情趣を呼び起こす。この辺の切妻は、平の勾配が微妙で、よほど古風ないい味を持っているように思われる。三月堂の屋根の感じが、おぼろげながら、なおこの辺の民家の屋根に残っているのである。古代のいい建築は、そのまわりに、何かしら雰囲気といったようなものを持ちつづけて行くとみえる。」（同）

ここに見える切妻の構成についての観察は、後に見る桂離宮の松琴亭の美の分析でも重要な役割を果たすことになる。ただこの観察の中で「平の勾配」という表現で何が意味されているのかは必ずしも明確ではない。というのも、建築用語の区分としては、「平入り」「妻入り」の対比に見られるように、「平」と「妻」は対置されるのが一般的である。この点からすれば切妻の平というのは形容矛盾のように感じられるが、ひょっとするとここで言う「平」は、切妻の三角形を構成する底辺を除いた残りの二辺の勾配を指し、それら二辺の傾きが微妙もしくは絶妙であることを意味しているのかもしれない。

あるいは、「壁を多く使った切妻風の建て方」といういささか漠然とした表現からすると、「切妻」という用語で建物全体を指していることも考えられる。その場合には、「平の勾配」は建物を長手方向から見た場合の屋根を指すことになり、それが「微妙」であるとは屋根の外形線が単純な水平線ではなく、桂離宮論で直線との対比で持ち出される湾曲線に近いことが意味されているのかもしれない。実はその真意を探るべく、筆者も周辺の家々を観察してみたが、百年の距たりは如何ともし難く、理解の手がかりを得ることはできなかった。なおここで東大寺三月堂の屋根が引き合いに出されているが、この三月堂(法華堂)については、少し先で取り上げることとしたい。

†門の中へ

新薬師寺に話を戻すと、一行は築泥に挟まれた道を辿りつづけ、やがてお寺の門に行き当たる。

「しかしその門の前に立っただけでは、まだ、今までながめて来たもの以上に非常に変わった光景がわれわれを待っているだろうという気はしない。門をはいってすぐ鼻の先に修繕のあとのツギハギに見える堂の側面が突き立っているのを見ると、初めておやというような軽い驚きを感ずる」（同前）。立ち位置の変化に伴う新たな光景の出現の体験こそ、和辻の建築論の基底を成すものである。和辻は続ける。「この感情は堂の正面へ回って少し離れた所から堂全体をながめるに及んで、このようなすぐれた建築が、どうしてこんな所に隠れているのだろうというような驚きの情に高まって行く。そうしてそれは、美しさから受ける恍惚の心持ちに、何とも言えぬ新鮮さを添えてくれる。」（同、二九〜三〇頁）

このパースペクティヴの転換は、意識的なそれと無意識的なそれを含め、次に見る唐招提寺論で遺憾なく発揮されることになる。その前にもう少し、新薬師寺についての和辻の批評を見ておくこととしよう。和辻がそこに見出すのは優美さである。

「この堂は光明皇后の建立にかかるもので、幾度かの補修を受けたではあろうが、今なお朗らかな優美な調和を保っている。天平建築の根強い健やかさも持っていないわけではない。この堂の前に立ってまず否応なしに感ずるのは、やはり天平建築らしい確かさだと思う。あの簡素な構造をもってして、これほど偉大さを印象する建築は他の時代には見られない。しかしこの堂の特徴はいかにも軽快な感じである。そこからくる優しさがこの堂に全面的に現われている。それは恐らく天井を省いて化粧屋根裏とし、全体の立ち居を低くしたためであろうと思われる。」（同、三〇頁）

この「軽快な感じ」というのは、次に取り上げる唐招提寺と比較するとよく実感されるかもしれない。ほぼ同じ外形を持ちながら、こちらには正面の柱もなければ鴟尾《しび》もなく、かなり簡素な印象を受けるのは事実である。

このように新薬師寺の建築を高く評価しつつも、和辻は「堂の美しさよりも本尊の薬師像や別の堂にある香薬師像の方がもっと注目すべきものなのである」として仏像論に移っているが、我々の関心は仏像よりも建築にあるので、唐招提寺に歩を進めることとしよう。

†唐招提寺

唐招提寺の建築美の分析は『古寺巡礼』において展開される建築論の中でも中核的位置を占めるものであるが、その分析の中で方法論的観点から見てまず注目されるのは、先に述べたパースペクティヴの重視である。その唐招提寺論の冒頭、和辻は一行が正面からではなく、横の門から入ったことを強調している。それは疲労のためとされているが、しかし思いがけず目の前に開けたのは、「全然新しい美」であった。

和辻は言う。

「この堂の横の姿の美しさをわたくしは知らないではなかった。かつて堂の西側の松林のなかに立って、やはり斜めうしろから、この堂の古典的な、堂々とした落ちつきに見とれた時にも、あの屋根の力強さや軽さ、あの柱の重さや朗らかさは、強い印象をわたくしに与えた。しかしあの渾然とした調和や、底力のある優し味や、朗らかな厳粛などが、屋根や柱の線の微妙な釣り合いにかくばかり深くもとづいているとは気づかなかったのである。軒端の線が両端に至ってかすかに上へ彎曲しているあの曲がり具合一つにも、屋根の重さと柱の力との間の安定した釣り合いを表現する有力な契機がひそんでいる。天平以後ののどの時代にも、これだけ微妙な曲線は造れなかった。そこに働いているのは優れた芸術家の直観であって、手軽に模倣を許すような型にはまった工匠の技術ではない。」（同、一〇一頁）

実際には唐招提寺は創建後何回か改修され、若き和辻が目にした屋根は天平の甍そのものではなく、鎌倉、江戸、明治の三度に及ぶ大規模修理を経た姿であり、国宝、重要文化財などの建築物の修復を多数手がける原田多加司によれば「創建当時の屋根勾配は今よりもっとゆるく、軽快な感じがした」とされる。(3) しかしここで重要なのは、建築史的正確さではなく、和辻の審美眼である。

「横の姿の美しさ」に続けて、和辻は正面からの美しさも強調する。「そういう感じを抱きながら堂の正面へ出て、堂全体をながめると、今さらながらこの堂の優れた美しさに打たれざるを得なかった。」（同前）

その美しさは「細かい芸術家の直観」に由来するのであり、それは、「寄せ棟になった屋根の四方へ流れ下るあらゆる面と線との微妙な曲がり方、その広さや長さの的確な釣合い、——それがいかに微妙な力の格闘（といっても、現実的な力の関係ではなく、表現された力の関係である）によって成っているかは、大棟の両端にある鴟尾のはね返った形や、屋根の四隅降り棟の末端にある鬼瓦の巻き反ったようにとがった形が、言い現わし難いほど強い力をもって全体を引きしめているのを見てもわかる」（同前）とされる。

先の原田もまたこの言葉を引きながら、「このように金堂では、大きな屋根が深い軒の出をつくり、さらにその濃い影が屋根の荷重を受けとめている組物や斗《ます》のあらがう力を、やさしく包みこんで、屋根本来の重さを感じさせないように工夫がなされているのである」と述べている。(4)

また原田が引用している言葉の中で注目されるのは、寄せ棟の描写の中に、『桂離宮』の分析においてやはり重要な役割を演じることになる〈面と線の美学〉の萌芽もまた認められることである。

さらに注目すべきは、和辻の観察眼の精緻さである。和辻は続ける。

「ことに鴟尾の一つが後醍醐時代の模作として幾分拙いために、両端から中央へ力を集めようとする企画がかなりの破綻を見せているなどは、この堂の調和の有機的なことを思わせるに十分である。さらにこの屋根とそれを下から受ける柱や軒回りの組み物との関係には、数えきれないほど多くの繊細な注意が払われている。柱の太さと堂の大きさとの釣合い、軒の長さと柱の力との調和、それらはもうこれ以上に寸分も動かせない。大きい屋根が、四隅へ降るに従って、面積と重量とを増して行く感じを、下からうけとめ、ささえ上げるためには、立ち並んだ八本の柱を、中央において最も広く、左右に至るに従って漸次相近接して立てている。その間隔の次第に狭まって行く割合が、きわめて的確に屋根の重量の増加の感じと相応じているのである。」（同、一〇一～一〇二頁）

ここで和辻は、単に堂の美しさを賛嘆するに留まらず、組み物や柱の太さや間隔に注目することによって、まさにそのような「美しい調和」を可能としている緻密な力学的計算に注意を促しているのである。

†和辻のパースペクティヴ

以上の唐招提寺論から明らかになるのは、和辻のパースペクティヴ、すなわち見る者の立ち位置に応じた見え姿の違いについての先鋭な意識と、美が立ち現れることを可能ならしめている因果関係についてのアイティオロジカル（原因論的）な分析である。と同時に、これら二つの方法論的要素もしくは視座と並んで注目されるのは、この唐招提寺論においてすでに、前章で見た風土への注目もまた認められることである。屋根の勾配の「美しい調和」についての緻密な分析を終えた和辻は、一息つくかのように、その眼差しを建物の周囲に向けて次のように述べる。

「大きい松の林がこの堂を取り巻いていて、何とも言えず親しい情緒を起こさせる。松林とこの建築との間には確かにピッタリと合うものがあるようである。西洋建築には、たとえどの様式を持って来ても、かほどまで松の情趣に似つかわしいものがあるとは思えない。パルテノンを松林の間に置くことは不可能である。ゴシックの寺院があの優しい松の枝に似合わないことも同様であろう。これらの建築はただその国土の都市と原野と森林とに結びつけて考えるべきである」とした上で、「われわれの仏寺」と松や檜の関連性を示唆しつつ、「東洋の木造建築がそういう根源を持っていることは、文化の相違を風土の相違にまで還元する上にも興味の多いことである」（同、一〇二〜一〇三頁）と述べる。

この和辻の文章を読んで思い出されるのは、かつてカール・レーヴィットがその論考『ヨーロッパのニヒリズム』の「日本の読者に与える跋《ばつ》」で述べた辛口の日本文化論の一節である。少し長くなるが引用する。

「日本文化の、相反を含まない統一と単一性は、事実上、多くの確固たる伝統の完成に基づいている。それにしてもこの単調な統一性の内部には、安定せる幾つかの基本形の極めて微妙な変化と修飾の無限の多様性が発展している。それらはヨーロッパ的な眼と耳にはどうせ詰らないものに見える。それはヨーロッパ人の感覚はこうした感じの上のニュアンスよりも寧ろ決定的な相反を摑むからである。或は、譬喩を以て云うならば、色と物の固いはっきりした形が、凡てを包み凡てに滲み込む靄と霧の中に消えてしまうような日本の湿潤な風土に比べると、ヨーロッパの精神生活の空気は乾燥して潤いが無いからである。アクロポリスの裸の巌の上に立つ大理石の神殿と伊勢の杜なる木造りの神宮を拝したことのある人には、筆者のここに謂う意味が分るであろう(5)。」

ここでレーヴィットは日本文化とヨーロッパのそれを比較し、前者の特徴が「相反を含まない統一と単一性」にあるのに対して、後者は「決定的な相反を摑む」ところにその特性があるとしている。その相違はまた「湿潤」と「乾燥」（和辻の三類型では「沙漠」に割り振られているが）の対照としても表現されるが、ここで興味深いのは、和辻と同じく両者の対照の例として「アクロポリスの裸の巌の上に立つ大理石の神殿」すなわちパルテノンが持ち出され、伊勢神宮と対比されていることである。この事実は、和辻とレーヴィットが日本文化とヨーロッパ文化の異質性について同様の直観を抱いていたことを物語るが、大きく異なるのは、レーヴィットが日本文化を「ヨーロッパ的な眼と耳にはどうせ詰らないもの」と切り捨てているのに対して、後に見るように、和辻は建築を始めとするヨーロッパ文化を極めて高く評価している点であろう。しかしそのことは、すぐ次に見るように、いわば「西欧の優越」を受け入れることを意味してはいない。

例えば、和辻は唐招提寺金堂の屋根の曲線の美しさを称揚し、その美が世界にも類い稀なものであることを強調している。

「正面から見るとこの堂の端正な美しさが著しく目に立つ。それは堂の前面の柱が、ギリシア建築の前廊の柱のように、柱として独立して立っているからかも知れない。しかし屋根の曲線の大きい静けさもこの点にあずかって力があるであろう。もちろんこの種の曲線はギリシアの古代建築に認められるものではない。ローマ建築の曲線にはこれほど静かな落ちつきは感ぜられない。尖角に化して行こうとするゴシック建築の曲線は全く別種の美を現わしている。従ってこの曲線の端正な美しさは東洋建築に特殊なものと認めてよい。その意味でこの金堂は東洋に現存する建築のうちの最高のものである。」（『古寺巡礼』一〇三頁）

とは言え、先に指摘した和辻の建築論に見られる二つの方法論的要素は、日本とは異なるイタリアの古寺の分析においても大いに活用されることになる。
金堂に続いて、和辻は講堂についても言及している。
「この講堂はもと奈良の京の朝集殿であった。すなわち和銅年間奈良京造営の際の建築である。しかし現在の建築には天平の気分はほとんど認められない。鎌倉時代の修繕の際に構造をまで変えたといわれているから、全体の感じは恐らく原物と異なっているのであろう。もっとも内部の柱や天井は天平のままだそうである。堂の外観が与える印象はむしろ藤原時代のデリケートな美しさに近い。」（同、一〇六〜一〇七頁）
この記述で注目すべき点は、「現在の建築」と「原物」の対比、言い換えれば「現状」と「原状」の対比、そのギャップについての意識であり、それは桂離宮論においても、重要な要素となる。

†薬師寺

唐招提寺の後に一行が訪れたのは薬師寺である。和辻によれば薬師寺には金堂本尊、東院堂の聖観音など仏像の傑作があるが、建築にもまたすぐれたものがあるとされる。それは東塔である。

「金堂から東院堂への途中には、白鳳時代大建築の唯一の遺品である東塔が聳えている。

これがどんなに急ぐ足をもとどめずにはいないすぐれた建築なのである。三重の屋根の一々に短い裳層《もこし》をつけて、あたかも大小伸縮した六層の屋根が重なっているように、輪郭の線の変化を異様に複雑にしている。何となく異国的な感じがあるのはそのためであろう。大胆に破調を加えたあの力強い統一は、確かに我が国の塔婆の一般形式に見られない珍奇な美しさを印象する。」（同、一二四～一二五頁）

裳層とは、建築辞典によれば、[6]「仏堂や仏塔において軒下外壁外の一間通りに取り付けてある庇状の構造物」を指すが、和辻の目はこの裳層に釘付けにされたようである。

和辻は続ける。

「もしこの裳層が、専門家のいうごとく、養老年間移建の際に付加せられたものであるならば、われわれを驚嘆せしめるこの建築家は、奈良京造営の際の工匠のうちに混在していたわけである。この寺の縁起によると裳層のついていたのは塔のみではなく、金堂の二重の屋根もまたそうであったらしい。大小伸縮した四層の大金堂は、東塔の印象から推しても、かなり特殊な美しさのものであったろう。後に上重閣のみが大風に吹き落とされたと伝えられているのから考えると、その構造も大胆な思い切ったものであったに相違ない。このような建築が薬師寺にのみあったのかどうかは知らないが、とにかく奈良遷都時代の薬師寺に一種風変わりな建築家のいたことは確かである。」（同、一二五頁）

和辻は、この「一種風変わりな建築家」とこの寺から出た「熱狂的伝道者行基」の関係について触れ、「もしそこに必然の関係があるならば、この寺の持つ特殊な意義は非常に大きい」としている（同前）。

このように建築と信仰の相関の可能性について思いを巡らすことは、まさに思想史家ならではの発想と言えるかもしれない。

†東大寺三月堂

この後、和辻一行はさらに東大寺を訪れ、その南大門や大仏殿の偉容に感銘を受けているが、その叙述の中でも最も印象深いのは三月堂についてのそれであろう。

和辻は、「三月堂の外観は以前から奈良で最も好きなものの一つであった」（同、三八頁）と述べているが、御堂を前にした感動を次のように語っている。

「三月堂前の石段を上りきると、樹間の幽暗に慣れていた目が、また月光に驚かされた。三月堂は今あかるく月明に輝いている。何という鮮やかさだろう。清朗で軽妙なあの屋根はほのかな銀色に光っていた。その銀色の面を区ぎる軒の線の美しさ。左半分が天平時代の線で、右半分が鎌倉時代の線であるが、その相違も今は調和のある変化に感じられる。その線をうける軒端には古色のなつかしい灰ばんだ朱が、ほの白くかすれて、夢のように淡かった。その間に壁の白色が、澄み切った明らかさで、寂然と、沈黙の響きを響かせていた。これこそ芸術である。魂を清める芸術である。」（同、一六三頁）

若き和辻の感動がよく伝わってくる描写である。その記述にある通り、天平時代に立てられた正堂と鎌倉時代に建て増しされた礼堂[7]を覆う三月堂の屋根は、互いの棟が直交するという稀有な構造を持つ明確に異なる二つの部分から成るが、決してチグハグな印象を与えることなく、その接合は美しい調和を創り出している。

東大寺三月堂（筆者撮影）

その調和の美しさに劣らず、この「明と暗」、「面と線」、「沈黙と響き」の対位法による和辻の叙述――それは彼《か》の有名な「凍れる音楽としての建築」という修辞を想起させる――もまた、「これこそ芸術」と言えるのではあるまいか。

†法隆寺

『古寺巡礼』の建築論の掉尾《ちょうび》を飾るのは、法隆寺についてのそれである。和辻は法隆寺の印象を、かつて木下杢太《もくた》郎《ろう》に宛てて書いた次の手紙から説き起こしている。

「わたくし一己の経験としては、あの中門の内側へ歩み入って、金堂と塔と歩廊とを一目にながめた瞬間に、サアァッというような、非常に透明な一種の音響のようなものを感じます。二度目からは、最初ほど強くは感じませんでしたが、しかしやはり同じ感触があって、同じようなショックが全身を走りました。痺れに似た感じです。次の瞬間にわたくしの心は『魂の森のなかにいる』といったような、妙な静けさを感じます。」（同、一六六頁）

この書き出しの部分で注目されるのは、視覚と聴覚の連動である。和辻は金堂と塔と歩廊を一挙に視野に収めた瞬間、「非常に透明な一種の音響のようなもの」を感じ、次の瞬間には「妙な静けさ」を感じている。そして「響きのようなもの」の知覚を、建物に巡らされた櫺子《れんじ》窓に結びつけている。

「そのサアァッという透明な響きのようなものの記憶表象には、必ずあの建物の古びた朱の色と無数の櫺子との記憶表象が、非常に鮮明な姿で固く結びついているのです。金堂のまわりにも塔のまわりにもまた歩廊全体にも、古び黒ずんだ菱角の櫺子は、整然とした平行直線の姿で、無数に並列しています。歩廊の櫺子窓からは、外の光や樹木の緑が、透かして見えています。この櫺子の並列した線と、全体の古びた朱の色とが、特に、そのサアァッという響きのようなものに関係しているのです。二度目に行った時には、この神々しい直線の並列をながめまわして、自分にショックを与えた美の真相を、十分味わおうとす

ることができました。」（同前）

ここで言われている「並列した線」は檽子の縦の線を指すが、「この神々しい直線の並列」に「美の真相」を見出す和辻の記述を読んで思い起すのは、直線についての九鬼周造の分析である。

周知の如く、九鬼は名著『「いき」の構造』のなかで、縦縞と横縞のどちらが「いき」かを問い、前者に軍配を上げている。九鬼は言う。

「先ず、横縞よりも縦縞の方が『いき』であると言える。（…）然らば何故、横縞よりも縦縞の方が『いき』であるのか。その理由の一つとしては、横縞よりも縦縞の方が平行線を平行線として容易に知覚させるといふことがあるであらう。(8)」

その原因について理論的な解明を試みた後、九鬼は次のように結論している。

「要するに、横縞よりも縦縞の方が『いき』であるのは、平行線としての二元性が一層明瞭に表はれてゐるためと、軽巧精粋の味が一層多く出てゐるためであらう。(9)」

以上の分析は着物の模様についてのものであり、また九鬼が縦縞に見出しているのはより感覚的な美としての「いき」であって和辻が直線の並列に感じている神々しさとは距離があるが、その違いにもかかわらず、根底において九鬼の分析は和辻の印象にも適用可能であるように思われる。ただし、和辻自身は、自分が感じている美の因って来たる所を檽子だけに求めるのではなく、色彩も含めた法隆寺の建築全体の構成に求めている。

「しかしその美しさは、櫺子だけが独立して持っているわけではありません。実をいうと櫺子はただ付属物に過ぎぬのです。あの金堂の屋根の美しい勾配、上層と下層との巧妙な釣り合い、軒まわりの大胆な力の調和。五重塔の各層を勾配と釣り合いとでただ一本の線にまとめ上げた微妙な諧調。そこに主としてわれわれに迫る力があるに相違ないでしょう。ところがその粛然とした全体の感じが奇妙にあの櫺子窓によって強調せられることになるのです。そうして緑青と朱との古びた調和が、櫺子窓のはげた灰色によって特に活かされて来るように見えるのです。」(同、一六六頁)

和辻の観察眼の細やかさに改めて感心させられるが、和辻は自らこの手紙を紹介した後で、実はその中での記述が不十分なものであることを述べる。

「この手紙は法隆寺の建築の全体印象を何とかはっきりいい現わそうとして苦心したものであるが、あの印象を成り立たせている契機はもっと複雑だと思われる。」(同、一六七頁)

ではどのように「複雑」なのであろうか。

「卍くずしの勾欄はこの建築の特異な印象の原因であるが、なぜそのように特異に感ぜられるかというと、並みはずれて高いからである。また屋根の勾配が天平建築に比べて特に異国的ともいうべき感じを伴なっているのは、その曲線の曲度が大きくまた鋭いからであろう。講堂は藤原時代の作であるから、曲がり方がはるかに柔らかくなっているが、それを金堂に比べると、尺度の上の相違はわずかでありながら感じは全然違っている。推古仏と藤原仏の間にあるような距たりが、ここにも確かに感ぜられる。」（同前）

和辻は先に見た唐招提寺との違いを強調して言う、

「この金堂を唐招提寺の金堂に比べても同じように建築の上に現われた天平仏と推古仏の相違は感ぜられるだろう。招提寺の金堂が『渾然としている』と言えるならば、この金堂は偏執の美しさを、――情熱的で鋭い美しさを、持っているとも言える。そうしてその原因はあの曲度の鋭さにあるらしい。」（同、一六七〜一六八頁）

しかし和辻によれば、その美しさ――偏執的でもあれば情熱的でもある――の原因は、屋根の反りの曲度だけにあるのではなく、屋根の構造自体にもある。

「法隆寺の建築に入り母屋造りの多いこともここに関係がある。寄せ棟造りの単純明快なのに比べて、この金堂の屋根に複雑異様な感じがあるのは、入り母屋造りのせいであるともいえよう。この建築が特にシナ建築らしい印象を与えるのもそのせいであろう。しかし入り母屋造りがみな同じ印象を与えるというのではない。あの度の強い曲線に結びついてあの感じが出るのである。」（同、一六八頁）

ここで和辻は屋根の構成様式としての入り母屋と寄せ棟を対比し、法隆寺の建築における入り母屋の効果を強調しているわけであるが、入り母屋造りへの注目については、われわれは桂離宮の松琴亭の分析で再び出会うことになる。と同時に入り母屋と寄せ棟の対比とともに、屋根の曲線についての記述が少し前に見た櫺子窓の平行直線についてのそれと対をなしていることにも注意すべきであろう。というのも、この直線と曲線（湾曲線）の対比もまた、桂離宮論において重要な役割を果たすことになるからである。

†エンタシス

屋根の次に和辻が注目するのは柱である。その柱が持つエンタシスに、和辻の想像力はかき立てられる。

「この建築の柱が著しいエンタシスを持っていることは、ギリシア建築との関係を思わせてわれわれの興味を刺戟する。シナ人がこういう柱のふくらみを案出し得なかったかどうかは断言のできることでないが、しかしこれが漢式の感じを現わしているのでないことは確かなように思う。仏教と共にギリシア建築の様式が伝来したとすれば、それが最も容易な柱にのみ応用せられたというのも理解しやすいことで、これをギリシア美術東漸の一証と見なす人の考えには十分同感できる。」（同、一六八頁）

エンタシスとは、遠目に見たときに外周部が直線に見えるように円柱の中間部を膨らませた（胴張り）視覚補正のための技巧を指すが、そのエンタシスを「ギリシア美術東漸の一証と見なす人」とは誰か？　おそらくは伊東忠太（一八六七〜一九五四）を指すと考えられる。

築地本願寺などの設計者として知られる伊東は優れた建築史家でもあり、法隆寺についても研究書を著している。その中で伊東はエンタシスについて、次のように推測している。「法隆寺建築における柱のエンタシスの遠源は慥かに希臘及び西亜にあると思ふ。支那でこれが考案されたとは考へられない。何となればエンタシスのやうな微妙な曲線は芸術的感覚が極めて鋭敏で、一点一線の差によって変化する形の表情を感受する程の神経を持ってゐる民族でないかぎり、これを作ることなどは出来ないのである。漢民族は大局の調和を達観することには長じているが、婉曲な線の運用によつて細部の機能を活殺するような微妙な技巧には長じてゐないのである。[11]」

伊東のこの断定的な物の言い方に対して、和辻は「シナ人がこういう柱のふくらみを案出し得なかったかどうかは断言のできることでないが、しかしこれが漢式の感じを現しているのでないことは確かなように思う」（同、一六八頁）とやや慎重な言い方をしているが、結論的には西方由来説に賛同しているようである。

「もしシナに漢代から唐代へかけてのさまざまの建築が残っていたならば、仏教渡来によって西方の様式がいかなる影響を与えたかを明白にたどることができたであろう。しかるにその証拠となる建築は、ただ日本に残存するのみなのである。そうなると法隆寺の建築は、極東建築史の得難い縮図だということになる。その縮図のなかにあの柱のふくらみが、著しく目立つ現象として、宝石のように光っているのである。しかし一歩を進めていうと、この建築は、単に柱のエンタシスのみならず、その全体の構造や気分において、西方の影響を語っている。」(同前)

このように法隆寺の建築全体への「西方の影響」を強調した上で、和辻は中継点としての中国において「建築史上の大変革」——「インドの stupa《ストウーパ》 がシナ式の重層塔婆となった」——が起こった可能性に言及し、その動因を「西方の芸術的精神」に求めて言う。

「従ってわれわれの有する仏教の殿堂は、六朝時代及びその後における東西文化融合の産物だということになる。それは彫刻が西方の芸術的精神の所産であるのと変わりはない。六朝から唐へかけてこの精神は漸次著しく現われてきた。建築においても唐招提寺金堂は、エンタシスこそ消えているが、精神において実にギリシア的である。もし当麻曼陀羅の楼閣をシナ的というならば、この金堂はほとんどシナ的でない。そうしてこの非シナ的傾向のかなり早い現われが、恐らく法隆寺の建築に示されているのである。」(同、一六九頁)

†動的鑑賞法

以上は建築の一部分としての柱が持つエンタシスという一特徴に目を留めての考察であるが、建築全体の鑑賞法についても新発見があったことを和辻は述べる。

「もう一つこの日の新発見は、五重塔の動的な美しさであった。天平大塔がことごとく湮滅し去った今日、高塔の美しいものを求めればこの塔の右にいづるものはない。塔の好きなわたくしはこの五重塔の美しさをあらゆる方角から味わおうと試みた。」（同前）

「あらゆる方角から」とは、水平・垂直の両方向を指す。

「中門の壇上、金堂の壇上、講堂前の石燈籠の傍、講堂の壇上、それからまた石燈籠の傍へ帰り、右へ回って、回廊との間を中門の方へ出る。さらにまた塔の軒下を、首が痛くなるほど仰向いたまま、ぐるぐる回って歩く。この漫歩の間にこの塔がいかに美しく動くかを知ったのである。」（同、一六九〜一七〇頁）

その熱心さと元気さに感心させられるが、ここで和辻がパースペクティヴの転換を意識的に行っていることが注目される。この「動的鑑賞法」とも言うべき考察法は、ローマのサン・ピエトロ寺院の建物に対しても適用されることになる。しかし、塔が「美しく動く」とはどのような事態を言うのであろうか？　和辻自身、その印象とそれを呼び起こす要因について精緻な分析を試みている。和辻はまず、静止しているときの見え方と美しさから始める。その際、鍵を握るのは建物の各部分と目との距離である。

「塔は高い。従ってわたくしの目と五層の軒との距離は、五通りに違っている。各層の勾欄や斗拱《ときよう》もおのおの五通りに違う。その軒や勾欄や斗拱がまた相互間に距離を異にしている。その他塔の形をつくりあげている無数の細かい形象は、ことごとく同じようにわたくしの眼からの距離を異にしているのである。しかしわたくしが静止している時には、これは必ずしも重大なことではない。静止の姿においてはむしろ塔の各層の釣り合いが――たとえば軒の出の多い割合に軸部が低く屋根の勾配が緩慢で、塔身の高さがその広さに対し最低限の権衡《けんこう》を示していること、あるいは上に行くほど縮まって行く軒のうちで第二と第四がこころもち多く引っ込み、従って上部にとがって行く塔勢が、かすかな変化のために一層美しく見えることなどが、重大な問題である。」（同、一七〇頁）

このいわば静止画像は、見る者が一たん動き始めると一斉に動き始める。

「しかるにわたくしが一歩動きはじめると、この権衡や塔勢を形づくっている無数の形象が一斉に位置を換え、わたくしの眼との距離を更新しはじめるのである。しかもその更新の度が一つとして同一でない。眼との距離の近いものは動きが多く、距離の遠い上層のものはきわめてかすかにしか動かない。だからわたくしが連続して歩くときには、非常に早く動く軒と緩慢に動く軒とがある。軒ばかりでなく勾欄も斗拱もことごとく速度が違う。塔全体としては非常に複雑な動き方で、しかもその複雑さが不動の権衡と塔勢とに統一せられている。」(同前)

和辻はまた、塔との間隔を意識的に変えてみることによって、その函数としての見え方の多彩さを味わう。

「またこの複雑な塔の運動も、わたくしが塔身と同じき距離を保って塔の周囲を歩く場合と、塔に近づいてゆく場合と、また斜めに少しずつ遠ざかりあるいは近づく場合とで、ことごとく趣を異にする。斜めに歩く角度は伸縮自在であるから、塔の運動の趣も変幻自在である。わたくしの歩き方はもちろん不規則であった。塔の運動も従って変幻きわまりなかった。しかもその変幻を貫ぬいている諧調は、——というよりも絶えず変転し流動する諧調は、崩れて行く危険の微塵もないものであった。」(同前)

†空間的要素と時間的要素の相即

この和辻が「新発見」した建築の動的鑑賞法とでもいったもので注目されるのは、距離に代表される空間的な要素と、速度に代表される時間的な要素の相即が強調されていることである。また観察者の歩みとともに塔の新たな相貌が立ち現れるという事態は、一般に

「時間芸術」とされる音楽と建築を近づけるものでもあろう。交響曲の一小節を聴いただけでは曲全体を鑑賞したことにならないのと同様、建物もまた――桂離宮のところで見るように庭園もまた含まれるが――一挙に全体を俯瞰することは不可能であり、その限りにおいて、ここで和辻が述べている「動的鑑賞法」は、建物を鑑賞するにふさわしい方法と言えるのではあるまいか。

さらに和辻はこの変幻自在の演出に、色彩もまた一役買っていることを指摘する。

「この運動にはもとより色彩がからみついている。五層の屋根の瓦は蒼然として緑青に近く、その屋根の上下両端には点々として濃い緑青がある、――すなわち一列に軒端に並ぶ棰《たるき》の先と、勾欄のところどころについている古い金具とである。屋根と屋根との間には、勾欄の灰色や壁の白色や柱斗拱の類の丹色《にいろ》や雲形肘木《くもがたひじき》の黄色などがはさまっている。そのなかでも特に丹色は、突き出た軒の陰になるほど濃く、軒から離れるほど薄くなる。すなわち斗拱の組み方が複雑になっているところは丹色が濃く残り、柱の下部に至るほど薄く鈍くはげて行くのである。そうしてこれらの色彩の最下層には、裳階《もこし》の板屋根の灰色と、その下に微妙な濃淡を示す檽子の薄褐灰色と、それを極度に明快に仕切っている白壁の色とがある。――これらすべての色彩が、おのおの速度を異にして、入り乱れ、走《は》せちがい、流動するがごとくに動くのである。」（同、一七一頁）

読者は、和辻の描写自体の多彩さと躍動するリズムに圧倒される思いを抱くのではないだろうか。和辻はこの日の「新発見」を次のように結んでいる。

「ことにわたくしが驚いたのは屋根を仰ぎながら軒下を歩いた時であった。各層の速度が実に著しく違う。あたかも塔が舞踏しつつ回転するように見える。その時にわたくしは思わずつぶやいた、このような動的な美しさは軒の出の少ない西洋建築には見られないであろう。」(同前)

このように、法隆寺の建築についての和辻の分析は一方においてエンタシスを媒介とする西洋建築との結びつきに思いを馳せながら、他方で日本建築の独自性も主張するものであるが、それでは本場の西洋建築そのものについて和辻はどのような分析を加えているであろうか。我々はここで日本からイタリアに舞台を移し、『古寺巡礼』の海外版とも言うべき『イタリア古寺巡礼』に見られる建築論に目を転じることとしよう。

註

(1)『全集』第二巻(一九六一年)所収、『古寺巡礼』による。
(2)解説文は、https://kunishitei.bunka.go.jp による。
(3)原田多加司『屋根の日本史——職人が案内する古建築の魅力』中公新書、二〇〇四年、六八頁参照。ただし、現在では平成の大修理を加えて、四回の大規模修理が行われたことになる。なお和辻も注目する屋根の「反り」についての専門的な分析としては、谷口吉郎『日本美の発見』所収の「日本建築の曲線的意匠・序説」(『谷口吉郎著作集』第二巻、淡交社、一九八一年、三八〇〜四二〇頁)を参照。

(4) 原田、前掲書、七二頁。

(5) カール・レーヴィット「ヨーロッパのニヒリズム――欧州大戦の精神史的序説(三)」『思想』二二二号、一九四〇年、五二七頁。一部、仮名遣いを改めた箇所がある。

(6) 『建築大辞典』第二版、彰国社、二〇〇四年、一六四七頁。

(7) 正堂は「仏を祀る空間」、礼堂は「教義に基づく儀礼を行う空間」とされる。後藤治『日本建築史』共立出版、二〇〇九年、二七頁。

(8) 九鬼周造『「いき」の構造』岩波書店、一九六七年、九二〜九三頁。

(9) 同、九四〜九五頁。

(10) 原文には「招提寺」とあるが、「唐招提寺」の誤植か。

(11) 伊東忠太『法隆寺』創元社、一九四〇年、一〇四〜一〇五頁。

第三章

建築と風土

——『イタリア古寺巡礼』と素材への注目

ペストゥームのネプチューン神殿（著者撮影）

前章で取り上げた『古寺巡礼』と同じく、『イタリア古寺巡礼』における鑑賞の主対象は彫像や絵画などの美術作品であるが、ここにおいてもまた建築と庭園への言及は少なくない。しかし本章においては庭園は割愛し、建築に絞って検討することとしたい。

1 マルセーユとジェノア

†和辻のイタリア紀行

周知のごとく、和辻のイタリア紀行は一九二七年の十二月に厳寒のパリの宿を出発するところから始まっている。パリを経った一行は南下してマルセーユやニースにしばし逗留した後に、ようやくイタリアに入っている。しかし我々が注目する建築物への言及はすでにマルセーユ滞在時の日記に現れる。和辻はその年の春に初めてマルセーユに上陸した際の興奮と比較しながら次のように言う。

「この春のぼったノートルダム・ド・ラ・ガードの丘の上へもまたのぼって見たが、寺の建築そのものは、前の時と違って、一目で近代の悪作であることがわかった。しかし丘から見おろしたマルセーユの町の姿は、ヨーロッパ中部の町とはよほど違った趣を持っていて、非常におもしろかった。地中海の沿岸にあるということは、かなりはっきりした特徴を持つことを意味している。アフリカの沙漠は海を距てでかなり遠くにあるのであるが、しかしそのことをつい思い起こさせられるほど、何とはなしに熱帯的なものが感じられる。色の調子がよほど明るい。」(1)(『イタリア古寺巡礼』二七三頁)

ここにおいてもまた丘の下からと上からの町の見え姿の違い、すなわちパースペクティヴが重要な意味を持っているが、それと併せて「地中海の沿岸」という風土が考慮に入れられている点が注目される。この風土への注目とその役割についての思索は以下で考察するイタリア紀行全体を一貫して反芻される主題であり、それはやがて第一章で見た『風土』に結晶するのである。

さて和辻一行が最初に訪れたイタリアの都市はジェノアであるが、そこで和辻が最初に注目するのは、都市全体を含めた建築である。

「まず第一に目についたのは、町幅の狭いことであった。町の中央で二十世紀にできた大建築の並んでいるところだけは少しは広いが、それでも銀座よりは狭い。古くからある目ぬきの通りはせいぜい三間半ぐらいの幅で、しかもその両側に十六世紀中ごろの古い建築が立ち並んでいる。大体四階建てぐらいの、相当高いパラッツォ(宮殿)である。横町は一間半から一間ぐらいで、両側の住宅は五、六階建てである。時には四五尺のものさえある。昔からある古い町はこういう路地（vico）でできていて、古い寺などの前面にだけ五十坪か百坪の空地がある。この町の姿には全く驚かざるを得なかった。」（同、二八七頁）

この記述の中で和辻は単に建築物にのみ注目するのではなく、建物と建物の間の街路にも注目し、両者の高さと幅の比に驚きを感じている。建築家の芦原義信は名著『街並みの美学』の中で、道路幅（D）と建物の高さ（H）との理想的な比率を示している。[2] その理想からするとジェノアのそれは地形の制約もあってはるかに逸脱しているが、それはそれで印象的な街並を作り出している。いずれにせよ、このような和辻の〈街を見る目〉といったものを考慮に入れれば、『街並みの美学』の著者が和辻の『風土』を「座右の書」と呼んでいることにも納得がいくのではないだろうか。[3]

使いながらの保存

先の引用に続けて和辻は言う。

「この町の名物はそういう古い建築である。ルネッサンス後期の建築がこれほど多い町はほかにあまりないといわれている。目ぼしい宮殿建築のうち、二つは美術館になり、あとは大学とか銀行とかに使われていて、皆それぞれ現在の生活に編み込まれているのである。ほかにロマネスクやゴシックやルネッサンスの寺院も相当あるが、皆現に寺院として活動

している。いかにも過去の遺物らしく現在の生活から遊離して保存してあるのは、コロンブスの家ぐらいなものである。」（同前）

建築様式についての造詣の深さは措き、この引用で特に興味深いのは、和辻が今日流に言えば「使いながらの保存」に注目しつつ、羨望の念を感じていることである。

「大学はクリスマスの休暇中で森閑としていたが、建物はなかなか好い。あまり広くない通りにじかに面しているので、外観はさほどでもないが、中庭はアーチをささえた二本並びの廊柱が取り巻いており、一階や二階が横に整然と統一されていて、いかにもルネッサンスらしい感じである。回廊の向こうの階段も非常にうまく付いている。こういう建物のなかに研究室や講義室があるということは、全くうらやましいと思う。」（同、二九〇頁）

おそらく和辻ならずとも、ヨーロッパの大学を訪れたことのある者が等しく感ずる気持ちではないであろうか。残念ながら、和辻が教鞭をとった京都大学や東京大学といった我が国を代表する大学の建物を見ても、お決まりの時計塔を中心に、いささか権威主義的な感じの、古びてはいても味気ない建物が立ち並んでいるだけである。和辻が訪れたと思われる大学の建物を筆者も訪れたことがあるが、元はパラッツオだったと思われる瀟洒な館に学生たちが気楽に出入りしているのを見て、和辻同様、羨ましく思った次第である。

2　ローマ

ジェノアを出た一行は年末の十二月三十日に首都ローマに入る。さすがにローマは見所、見物も多く、その記述も郊外のフラスカティで飲んだ地ワインの味を含め多岐にわたっているが、ここではその中でも多くの紙幅が費やされているヴァチカンのサンピエトロ寺院についての分析を取り上げることとしたい。

†サン・ピエトロ寺院

一月二十五日の日記で和辻は次のように書く。

「大西君たちが来てから案内がてらにもだいぶ方々を歩いたが、この四五日の間に痛切に感じたのは、大本山サン・ピエトロの建築のよさである。」（同、三一二頁）

その「建築のよさ」の分析においてまたも中心的な役割を果たすのがパースペクティヴである。

「元来この堂は、ミケランジェロが晩年に、死ぬまでの十八年ほどの間、関係していたものである。ミケランジェロが建てたのは、あの堂の上にそびえて堂全体を支配している円屋根やその下の部分である。ところがその大切な部分は、堂の正面から見ると、ほとんど見えないようになっている。堂の前部三分の一ほどはそれよりも後の継ぎ足しで、それが邪魔をしているのである。普通にある堂正面の写真は、堂前の広場のこなたにある家の三階か四階かからとったものではないかと思う。広場の中の×印のところ[4]でながめると、円屋根はほんの少ししか見えない。広場のこなたの端の電車の停留場あたりからながめると、やっと円屋根の部分だけがすっかり見えてくる。横幅の広い堂の前面はそれくらいに事こわしになっている。前の回廊はそれを救うために作られたとさえ言われる。ミケランジェロのプランでは、円屋根とその下の堂体とが連続して、全体が統一的な姿に見えるはずであったが、そういう統一は今は見られないのである。」(同、三二三頁)

　しかし、この「事こわし」――より通俗的な言い方をすれば、ぶち壊し――と和辻が呼ぶ事態は、見る場所を変えることによって一転、解消される。和辻は言う。

「ところが、二十三日の午後、宿の近所のピンチオの丘の公園を散歩して、ちょうど日没ごろに、町を見おろす崖の上に出た。見ると、夕日がこのサン・ピエトロのすぐ左へ落ちて行くところで、円屋根が赤い西の空にくっきりと浮いており、その下の窓を通して夕日の光が輝いている。実に立派な、雄大な感じである。奇妙なことに、堂のすぐ前の広場に立ってながめても、私はかつてこのような堂の大いさを感じなかった。十町も距てて見る今の方が、はるかに大きく見える。ことに円屋根の円みの具合、曲線の流れ落ちる具合、下の建物との釣り合い、などということは、今遠くから見て初めてはっきり見えたような気がする。こいつは偉いものだ、とつくづく感じた。ミケランジェロの企てた統一的な姿が見えたのである。」(同前)

さらに「堂のうしろ姿、横の姿」についての和辻の叙述は続くのであるが、これまでに引用した部分を見るだけでも、唐招提寺や法隆寺を論ずる際にすでに現れていた和辻の基本的なアプローチの方法としてのパースペクティヴの重視は明白であろう。我々はまた大和の古寺についての考察との共通性を、パースペクティヴの意識的な転換だけにとどまらず、屋根——ここでは円屋根であるが——の勾配や下の建物との釣り合いへの注目のうちにも認めることができるであろう。

以上のサン・ピエトロについての記述と並んでローマ滞在中の和辻の建築論の中で興味深いのは、そのキオストロへの関心の高さと、訪れた複数のキオストロについての分析である。

†キオストロ

キオストロとは、中庭を囲む四面回廊を有する修道院のことであるが、和辻がキオストロに関心を抱くきっかけになったのは、パウロ殉教の地に建てられたサン・ジョヴァンニ・イン・ラテラノ教会のそれを訪れたことである。

「八日には、ローマの町の南の端にあるサン・ジョヴァンニ・イン・ラテラノという大きい寺を見に行った。前にも二度ほど見物に行ったが、詳しくは見なかったし、また傍にある美術館にもはいらなかったので、亀井君が見に行くのを幸いに見なおしに行ったのである。ところで、前に行った時には大したこともないだろうと思って二度とものぞいて見なかったキオストロ（四面回廊）が、なかなかおもしろいもので、ちょっと驚かされた。」（同、三二六頁）

回廊の中でも特に和辻の目を引きつけたのは、中庭を含めた全体の空間構成ではなく、柱や欄間に施された装飾である。

サン・ジョヴァンニ・イン・ラテラノ教会の回廊と中庭（筆者撮影）

「一体ローマには中世のものはあまり残っていないし、残っていても大しておもしろくないのであるが、このキオストロだけは例外のように思われる。回廊の立ち並んだ柱や、その上部の欄間についている文様は、皆モザイックである。普通の石でなく、赤や紫などの色を塗ってその上に薄くガラスをかけたような石を使っている。だから色彩は自由に濃くすることができる。その文様の効果は、写真で見るといやにひつっこくて感じが悪そうであるが、実際は不思議にさびのある落ちついた感じであった。金を薄く張った石も使っているが、これがよほどいい効果を出しているように思われる。」（同前）

モザイクについては、シシリーのパレルモを訪れた際に改めて和辻はその良さを認識することになるのであるが、このサン・ジョヴァンニ・イン・ラテラノのキオストロの記述で強調されるのは、北方の建築物との対照である。

「ビザンチンの影響の著しいもので、同じ十三世紀ごろの北方のロマネスクやゴシックとはまるで感じが違う。北方のロマネスクは、ローマを模倣したもの、『ローマ式』のものに相違ないのであるが、しかしそれはアーチ形の窓をつけたり、円塔を作ったり、天井でアーチを交叉させたり、技術的にローマ式を取り入れただけで、芸術的印象の上にローマ的なるものを出そうとはしていない。むしろ反対に、森厳な感じ、厳粛な感じ、何となく神秘的な陰鬱な感じを出そうと努めている。ゴシックになると、その傾向は一層強まってくる。末期のゴシックなどは陰鬱すぎてむしろ病的な印象をさえ与える。」（同、三二六〜三二七頁）

このようなアルプスの北についての批評を読むと『風土』において強調される「西欧の

陰鬱」という表現が自ずと頭に浮かぶが、和辻によれば、このキオストロの印象はまさにその対極にある。

「しかるにこのキオストロは、そういう陰鬱さや重苦しさのまるでない、実に朗らかな明るい感じのものである。むしろ愛らしい点さえあるといえるであろう。モザイックの文様や、ねじれた柱などでも、北方だとあくどい陰惨な感じを与えるのであるが、ここではいかにもしゃれた感じになっている。だから北方の僧院のような感じはここにはまるでない。」（同、三二七頁）

ここで和辻が「愛らしい」と言っているが、その言葉は教会内部にある空間についての形容としては些か不似合いな印象を読者に与えるかもしれない。しかし細かな細工を施され、「ひねり」もしくは「ねじり」を加えられた柱を実際に目にすると、それが与える印象はなるほど子供が喜びそうなお菓子のねじり棒にも似た愛らしいものである。

このサン・ジョヴァンニ・イン・ラテラノ教会のキオストロを見て、いわば味をしめた和辻は、それに続けてサン・パオロ教会を訪れる。

「キオストロがおもしろくなったので、翌九日には、同じようなキオストロを見るために、ローマの西南の郊外にあるサン・パオロという寺へ行った。本堂は十九世紀中ごろに再建されたものであるが、大体は四世紀末にできたバジリカ式のもとの形を踏襲したのだという。大きい柱のずらっと並んだ、なかなか壮大なものである。その本堂のそばにやはり十三世紀のキオストロがあって、それが大きい本堂よりもよほどおもしろい。中庭は荒れていたし、モザイックなどもラテラノのものほどよくはなかったが、しかし大体の感じは、同じであった」(同前)

和辻が述べているように、だいたいの印象は同じと言ってよいかもしれないが、それは一定間隔で立ち並ぶ柱が植栽された中庭を取り囲む方形の空間の基本構成が同じことに起因すると考えられる。さらにまた、サン・ジョヴァンニで和辻の目を引きつけた装飾を施され捻られた柱が、ここでも多用されていることにもよるであろう。ただ和辻は中庭が荒れていたこともあってか、さほど良い印象を持たなかったようであるが、現在ではよく手入れされて、筆者個人はむしろサン・ジョヴァンニよりも魅力的に感じた。

和辻がローマで訪れたキオストロは以上の二つだけのようであるが、よほどキオストロが気に入ったのか、その後、旅の行く先々でこまめにキオストロに立寄ってその印象を書き留めている。

まず、風光明媚なことで知られるアマルフィでもキオストロを訪ねている。

「二月二十二日の午前中は、アマルフィの町をぶらぶら歩いて、一二の古い寺を見物した。崖の上の、もと僧院であったところの庭で、景色をながめながらお茶を飲んだりなどもした。
サン・アンドレアという中世の寺には、ちょっとおもしろいキオストロがある。様式はビザンチンとサラセンの影響でできたノルマン式であるが、丸いアーチをいくつも組み合わせて、その交叉の結果で、おのずからゴシック式の尖ったアーチができている。キオストロの柱と柱との間に、空を見上げるように空いているアーチは、そういう尖ったアーチである。ゴシックはノルマンの発明だ、というふうに考える人もあるようであるが、そう言い切るわけには行かないにしても、尖ったアーチがゴシックの独創でないことだけは、はっきり言えると思う。」（同、三四一頁）
今日でも、シシリー島のタオルミーナにある最高級ホテルは昔の僧院の建物をホテルに転用したものであるが、和辻がお茶を飲んだという僧院もまた、「使いながらの保存」の好例と言えるかもしれない。
そのシシリーに渡ってからも和辻は複数のキオストロを訪れているが、それについて見るのは後回しにして、我々もまた一行とともにペストゥームの古代ギリシア神殿を訪れることにしよう。

3　ペストゥーム

ペストゥームは和辻が初めに説明しているように、元来はポセードニアと呼ばれた古代ギリシア人の植民市であり、前三世紀頃にローマに征服されてペストゥームと改称されたのである。なお、和辻自身はペストーとも呼んでいるが、ここではペストゥームで統一することとする。

さて、この遺跡は雄大なドーリス式神殿で有名ではあるが、ナポリからさらに南に下った辺鄙なところに有り、和辻が訪れた時から八十年以上を経て遺跡が世界遺産に登録された今日でもなお、交通の便が悪く、行くのに大変苦労する場所である。筆者はナポリから列車を乗り継いで行ったのであるが、一行もまた逗留地のサレルノから汽車で向っている。しかし一度辿り着くことができれば、人はその苦労が報われたことを実感するであろう。

和辻は駅に降り立った時の印象を次のように書いている。

「停車場は海岸から二十町あまりのところにある。人家などあまりない荒れたところで、停車場から海の方角へ二町ほども行くと、もとのペストゥームの町の遺跡のなかにはいる。遺跡と言っても見えるのは城壁くらいのもので、はなはだわびしい感じである。」（同、三

三八頁）

筆者もまた和辻同様のわびしさと心細さを感じたことを思い起こすが、それだけにその後のサプライズも大きい。

「何となく期待はずれのような気持ちで田舎道を六七町歩いて行くと、突然ネプチューンの神殿が眼に入ってくる。その途端に私は、虚を突かれたように、驚きを感ぜざるを得なかった。今まで見なれて来た建築とまるで種類の違うものが現われて出たのである。」（同前）

たしかにこの驚きは圧倒的なものである。筆者はペストゥームを訪れる以前にパルテノンもシシリーのアグリジェントにある神殿群も訪れたことがあったが、ペストゥームのそれはまさに和辻が言う通り「まるで種類の違うもの」と感じられる。

和辻は直ぐさまその「驚き」の因って来るところの分析にとりかかる。

「この神殿は紀元前五世紀中ごろのもので、ドリス式である。石は大理石でなくトラヴェルチノ、すなわち小穴だらけの石灰岩であるが、軟らかい黄褐色のさびが付いていてなかなかいい。高さはわりに低く、柱は下太りで、いかにもどっしりとした感じであるが、そのくせ石という材料をすっかり征服して、隅から隅まで生き生きとした感じになっている。彫刻の上でギリシア人がそういう仕事をしていることは、これまでにはっきり気づいていたが、しかし建築の上にまでそれがあるとはつい思い及ばなかったために、突然の驚きを感じさせられたのである。」（同、三三八〜三三九頁）

ここにも唐招提寺論について指摘した和辻のアプローチの方法のもう一つの特徴である原因論的な分析が窺えるが、ここでのそれは構造力学的なものではなく、むしろ土地の風土と密接に結びついた素材――トラヴェルチノ――への注目である。この素材への注目は、ペストゥームを含む南イタリアの建築についての記述に再三登場することになる。

さて和辻はそのペストゥーム訪問記を次のように結んでいる。

「この神殿に驚嘆するとともに、このペストーの地が急に輝いて見え出した。堂のまわりをぶらぶら歩きながら、生きたような柱の中からギリシア人の息吹《いぶ》きを感ずるようにも思えた。とにかくギリシア人というものは不思議なものである。」（同、三三九頁）

「この世に人間以上に不思議なものはない」と『アンティゴネー』の中でコロスに謳わしめたのは三大悲劇詩人の一人のソフォクレスであるが、ここで和辻はアリストテレス言うところの「タウマゼイン」（驚き・感嘆）を身を以て体験したのであろう。

4　タオルミーナ、シラクーサ、アグリジェント

†エトナ山と古代ギリシア劇場

ペストゥームを訪ねた後、和辻たちはさらに南下し、長靴の突端からメッシナ海峡を汽車で渡ってシシリー島に着く。そこで最初に訪れた景勝の地タオルミーナで待ち受けていたのは雪を頂くエトナ山と古代ギリシア劇場である。和辻はタオルミーナの町の地勢と景色についての説明に続けて次のように言う。

タオルミーナから望むエトナ山（筆者撮影）

タオルミーナの古代劇場遺跡（筆者撮影）

「このタオルミーナの町に、ギリシア人が作りローマ人が改造した劇場が残っている。その劇場を見物に行って、ただ地形だけ残っている見物席の一番下の段に立って見ると、ちょうどエトナの山の頂上だけが見える。一番上の段へ上ると、エトナの全山から海岸の波打ちぎわまで、全景が見晴らせる。ギリシア人はこういう明媚な風光を背景にしながら蒼空の下で演劇を鑑賞していたのである。これは私には実に案外なことであった。これまでいろいろと劇場の構造や演劇のやり方について書いたものを読んだことはあるが、その演劇が、蒼い空、蒼い海、白い山などを見晴らしながら鑑賞せられていたということを、私たちに注意してくれた人はなかった。これは演劇鑑賞の心理を考える上に相当重要なことではないかと思う。ギリシア人はこのことを勘定に入れているのである。その証拠は、この劇場の位置の選定で、この場所こそタオルミーナの町のうちで最も眺望のよいところなのである。」（同、三四三頁）

くどいようだが、ここでも劇場の客席の下の段と上の段から見る景色の違いが強調されている。実際、筆者も和辻の記述を現地で検証してみたが、その正しさを改めて認めざるを得なかった。なお引用文中にあるローマ時代の改造とは、本来半円形のギリシア劇場をローマ風のアンフィ・テアターに変えようとしたことを指し、現在訪れても劇場の形自体は何かいびつな印象を与える。この点では原型をとどめているシラクーサの劇場に比べて形状的にもスケール的にも見劣りがすると言わなければならないが、しかし和辻も指摘する劇場上部からの眺めの美しさは圧倒的である。

そのシラクーサの劇場については、次のように書かれている。

「中で最も印象の深かったのは劇場である。擂鉢《すりばち》形半円形の見物席の段々は、全部地山の石をじかに腰掛けのように刻んだものであった。従って見物席全体が一枚岩というわけである。この見物席はタオルミーナの劇場のそれよりもよほど勾配がゆるく、格好もよかった。その代わり非常に開いた感じになるので、声の具合はどうであろうかと思って、亀井君と二人で舞台と見物席との間で声の試験をしてみたが、普通の声でも見物席の上の方までよく通る。それは実際不思議なほどであった。この劇場はタオルミーナのそれよりもよほど大きく、円の半径は三十六七間くらいある。ギリシアの劇場のうちでは最大のものの一つである。それでいて声の通りは私がこれまで経験したどの講堂よりもよかった。」(同、三四六頁)

†風景の愛

筆者が実際に見ることを得た古代ギリシア劇場の規模としては、このシラクーサの劇場はペロポネソス半島のエピダウロスにある劇場とよい勝負ではないかと思われるが、シラクーサの劇場の方が海に面して開かれた感じがある分、広く見えるのではないかと思う。音響効果についてはエピダウロスのそれも有名である。

このように、和辻はシシリー島に残る古代ギリシア劇場の建築を絶賛するのであるが、『風土』においてはその立地も含めた設計の根底に「風景の愛」があるとしている。重なる部分もあるが、古代劇場についての記述を引用すれば以下の通りである。

「元来ギリシア人が庭園を芸術的に作らなかったのは、狭いポリスの生活がそれを要求させなかったからである。しかしギリシア人は自然の風景に対して無関心であったのではない。『かつていかなる民衆も、外界の美について古いギリシア人ほど深い印象を受けたものはなかった』とブチャーも言っている。このことはギリシアのポリスが多くの場合美しい見晴らしを持った場所に位置を占めていることによっても裏書きされるであろう。アテンのアクロポリスが雄大にしてまた明媚なながめを持っていることは有名であるが、イタリアにおける植民地、たとえばペスツゥム、タオルミナ、シラクサ、アグリゲントゥム、セジェスタのごとき町々は、いずれも海と山と野とのながめのきわめて美しい場所を選んでいる。海辺からある距たりを持った小高みということは、防衛の必要条件であったかも知れない。しかし同様に或るそれ以上に必要条件を充たすいくつかの近接した場所のうちから、特にこのながめ美しき場所をのみ選んでいるというところに、我々はこれらのポリスの建設者の意図を推測せざるを得ない。」(『風土』一八五頁)

そしてタオルミーナを例にとって、いかにその劇場の位置が必然的なものであるか、他ではあり得ないことを強調する。

「たとえばタオルミナは海辺より見上げた場合には決して特に防衛に都合よき位置とは見

えぬ。むしろこのような中途半端な場所を選んだことに不審を抱かせるほどである。しかし、ひとたびこの町の位置までのぼって見ると、我々はそれが必然であったことを感ずる。下方には砂の白い山裾の磯辺が美しく湾曲し、その上にはヨーロッパとしては珍しく優美な姿をした白いエトナが大らかにかかっている。このまとまったながめは、町の位置を四五町移すことによっても崩れるのである。」（同前）

確かにタオルミーナから望むエトナ山の姿はまさに「白きたおやかな峰」そのものであるが、より南に位置する都市カターニアから見るエトナ山は、とても同じ山に見えない程ゴツゴツとした感じである。それを思うと、「これらのポリスの建設者の意図」についての和辻の推測は説得的に響く。和辻自身が訪れたことはないと思われるが、アルハンブラ宮殿で有名なスペインのコルドバなどについても、あるいは同じ意図を見出すことができるかもしれない。

†素材への注目

続けて和辻は劇場の「音響学的に実に巧妙な構造」についても言及し、さらにシラクーサ、セジェスタの例も挙げた上で、次のように結論している。

「すべてこれらのことは風景の美しさがギリシア人にとって欠き難いものであったこと、

そうしてポリスの生活はこの自然との合一をさまたげるようなものではなかったことを立証する。ギリシア人はこのような風景の愛以上にさらにこの風景を理想的に高めようという要求は持たなかった。」（同、一八六〜一八七頁）

ここでもう一度、シラクーサの古代ギリシア劇場に戻ると、この劇場は今日では考古学公園の一部を成し、それに接して石切り場がある。その石切り場にはペロポネソス戦争中の紀元前四一三年、脱出の最後のチャンスを逸して捕虜となったニキアス率いるアテネ軍兵士たちが閉じ込められ、寒さと飢えのためにその多くが命を落としたとも伝えられるが、和辻はその故事には触れていない[5]。またそこには「ディオニュシオスの耳」と呼ばれる巨大な洞窟があり、これもまた音響効果抜群で観光客の一団がその効果を確かめるべく合唱したりしているが、和辻が注目するのはペストゥームでも取り上げていた石材である。

「シラクーサのもう一つの名物は石切り場であるが、これは建築材としてのトラヴェルチノを掘り出した跡が、湮滅《いんめつ》のしようもなくおのずから残ったものに過ぎない。しかしそれを見てわかったことは、地中にあるトラヴェルチノが非常に柔らかくて切り出しやすいことである。たぶん小穴が多く水気を含んでいるからであろう。ところでそれを建築材として使うと、非常に堅くなってくる。なかなか便利な石なのである。」（『イタリア古寺巡礼』三四七頁）

このように、和辻は建築物の形にこだわるだけではなく、その形もしくは形相を可能とする素材もしくは質料にも目を向けるのである。

シラクーサを見物した一行が次に訪れるのは、複数のギリシア神殿が残るアグリジェントである。この地は古くは、愛と憎しみによる地水火風の四根の離合集散として世界を解釈した哲学者エンペドクレス（前四九〇頃〜四三〇頃）、新しくは劇作家ピランデルロ（一八六七〜一九三六）の出身地としても有名であるが、ここでも神殿を訪れた和辻はその素材に注目している。

「ここの神殿は皆大理石でなく、この地方から出る小穴だらけの石灰岩でできている。磨けば滑らかになるであろうが、風雨にさらされているために、まるでぼろぼろの柔らかい石のように見える。もとはこの石の上に白い漆喰《しっくい》を塗り、彩色を施したらしく、少し残っているところもあるが、今はほとんど全部地肌が出て、黄色っぽく見える。その地色がなかなかおもしろいのである。」（同、三五一頁）

筆者自身の印象では、アグリジェントの神殿の柱とペストゥームのそれとは、その太さには違いがあるものの、色彩と質感においては共通するものがあるように思う。和辻の言う通り、色は黄色っぽく、泥っぽい感じがする。また余談であるが、神殿の遺跡の小高い丘から海の方を望むと、エンペドクレスの原子論の基礎となる「四根」、すなわち「地」

「水」「火」「風」が妙にリアルに感じられたことを思い出す。

✝粛然とした感じ

さて和辻はペストゥームからアグリジェントに至るギリシア神殿と劇場を見た後で、次のようにその印象を総括する。

「これらのギリシア建築を見て、まず第一に受けた印象は、その粛然とした感じである。この感じだけは、後の時代のどんな美しい建築にもないように思う。実に静かで、しんとしていて、そうして底力がある。これは恐らく他の時代の建築に見られないあの『単純さ』に起因するのかも知れない。もっともこの単純さというのは、内容が少なく、簡単だ、ということではない。豊かな内容を持っていながらそれに強い統一を与え、その結果結晶してくる単純さである。」（同、三五一～三五二頁）

第一印象としての「粛然とした感じ」は、意外にも、和辻に日本の建築を思い起させる。それは唐招提寺である。

「この粛然とした感じを味わって、これに比べることのできるのは、むしろ唐招提寺の建築だと思う。ロマネスクのいい建築には厳粛さや力強さが認められるが、こんな粛然とした感じはない。ゴシックのいい建築にも神秘的な神聖さを感じさせるところはあるが、もっとはるかに熱情的で、こういう静かさを持たない。ルネッサンスのものはもっとにぎやかで、派手で、複雑である。そこへ行くと、唐招提寺の建築などに現われたあの魂の静かさは、かえってこれと通じるものがあるであろう。」（同、三五二頁）

唐招提寺と古代ギリシア神殿の共通性をその「粛然とした」感じに求める和辻に、筆者もまた同意するものである。しかし、すでに唐招提寺論のところで見たように、そこに相違点があるのも勿論である。和辻は言う。

「しかし、似てはいても、他方に非常に異なった点のあるのは、もちろんのことである。ギリシアの神殿の屋根が直線でできており、日本の仏寺のそれが曲線でできている、という相違ばかりでない。木材と石材という材料の相違もなかなか重大なものである。木材は本来『生きもの』であったせいか、材料自身において死んだ感じを伴っていない。だから材料に生き生きした感じを与える努力を、さほど必要とはしない。しかるに石材は材料自身においていかにも死んだ感じのものである。従ってこの材料を生き生きとさせること、その中に生命を吹き込むことに非常に努力しなくてはならぬ。ギリシア人はこの努力に力を集中している。これが非常な相違を作り出しているのである。」（同前）

この記述に見られるように、和辻の根本的な問題意識の一つとしてギリシア建築を始めとする西洋建築と日本建築の比較があったことは明らかであるが、それについての検討を加える前に、ここでもう一度キオストロに話を戻すこととしたい。

†しゃれたいい感じ

一行は、アグリジェントから州都パレルモに汽車で向かうが――今日ではプルマンバスという名の長距離バスが両市を結んでいて便利である――、和辻はパレルモでもまた複数のキオストロに足を運んでいる。

「王宮の礼拝堂でモザイックを見たのち、エレミテのサン・ジョヴァンニという小さいノルマンの寺に行った。十二世紀にできたもので、よほどサラセン式である。おわんを伏せたような円屋根の寺と、そのそばのキオストロとが有名であるが、キオストロは非常に小さいもので、柱の高さはちょうど私の背たけぐらいであった。モザイックはもはや少しも残っておらず、柱も円柱ばかりでねじりん棒などはなく、あっさりしていて、なかなかしゃれたいい感じであった。」(同、三五六頁)

ローマの教会のキオストロでは「ねじりん棒」に愛らしさを感じた和辻であるが、ここではそのような技巧を排した簡素さに共感しているようである。

さらに和辻はセジェスタの神殿に向かう途中、パレルモ近郊のモン・レアーレで教会を訪ねた際にもキオストロを見学している。

「なおこの寺にしゃれたキオストロがある。これまで見た中では一番大きい。柱でささえたアーチの外側にもモザイックが残っており、また柱にモザイックをはめているのも非常に多い。ローマで見たキオストロは円いアーチであったが、ここのは皆心持ち尖ったアーチである。またローマのは柱列のところどころに太い柱がはいっているが、（あるいはあとで入れたのかも知れぬが、）ここのは全部細い柱でそろっている。装飾はひどくごてごてしているけれども、なかなかしゃれた美しさがある。」（同、三五九頁）

「ごてごて」しながら「しゃれた美しさ」を具えているとの感想は、エレミテのキオストロの簡素さに「しゃれたいい感じ」を受けたとの記述と一見矛盾するようであるが、おそらくは、柱自体の細さを指してしゃれていると感じたのであろう。

†キオストロに魅了される

以上に見たように、和辻はすっかりキオストロ熱に取り憑かれたようであるが、先にも述べたようにその眼差しは、全体の空間構成や回廊が僧院の空間全体の中で果たしていたであろう機能にではなく、専ら細部の柱の装飾や形状に向けられている。しかし装飾や技巧だけであれば、別にキオストロでなくとも僧院の建物全体について言えるはずであり、和辻がそこまで引きつけられた理由を説明するには弱いようにも思われる。そこで考えられるのは、回廊空間が果たしていたと思われる機能である。いささか思弁的になることを承知で、あえて一つの説明を試みてみれば、以下の通りである。

すでに日本家屋の構造についての和辻の分析の項で我々が見たように、和辻の分析のキーワードは「ウチ」と「ソト」であった。

その対概念をこのキオストロに適用した場合、キオストロの空間はちょうど、「ウチ」と「ソト」の中間的位置を占めるように思われる。一般に列柱で囲まれたキオストロの中心部には中庭があり、そこへは回廊から出入りができるようになっている。反対に、回廊の外側すなわち建物の内側には個人の居室や聖堂や食堂が配置されている。聖堂や食堂は共用の空間であるが、そこへ行くためには各人は自分の個室を出て、まさに回廊を歩いていかなければならない。

その際も口をきいてはいけないとする宗派もあるようであるが、いずれにしてもその空間では自分以外の他者と接触することになるのであり、その限りに於いて回廊は「ウチ」と「ソト」を媒介する役割を果たしていると言えるであろう。

和辻自身はそのような機能については一切言及してはおらず、以上の分析は和辻がキオストロにそれほどまでの関心を抱くに至った理由の説明としてはあくまでも単なる推測に止まらざるを得ないが、日本家屋についての和辻の分析の一応用例としては成り立つように思われる。

キオストロが何故にそれほどまでに和辻を引きつけたのか、その理由はさておき、我々は次に先に触れたキオストロについての観察で強調されていたヨーロッパ内部における比較、すなわちアルプスの北と南の比較について見ることとしよう。それは建築と風土の相関をめぐる和辻の思索の深化にとって、大きな意味を持ったものと思われる。

註

(1)『全集』第八巻所収、『イタリア古寺巡礼』。

(2) 芦原義信『街並みの美学』岩波同時代ライブラリー、一九九〇年、六九頁以下参照。なお七二頁には和辻の『風土』からの引用がある。

(3) 芦原義信『建築家の履歴書』岩波書店、一九九八年、六二頁。

(4) 和辻の死後に夫人によって出版された『故国の妻へ』の対応箇所では、(封入エハガキ四枚)という添え書きに続けて、次のように記されている。「このサンピエトロの前の姿は、広場の正面にある家の三階か四階かからとったものらしい。この写真の最も下のあたりに(×印ぐらいに)立って眺めると、円屋根はほんの少ししか見えない。」『故国の妻へ』角川書店、一九六五年、三七七頁。

(5) この悲劇に終ったシシリー遠征とニキアスについては、トゥキュディデース『戦史(下)』巻七(久保正彰訳、岩波文庫、一九六六年、一四一〜二四三頁)、プラトン『ラケス』(三嶋輝夫訳、講談社学術文庫、一九九七年)などを参照。

第四章

アルプスの北

――『故国の妻へ』とドイツの建築

ローテンブルクのガルゲン門（著者撮影）

西洋建築についての和辻の考察を知る上での資料として、現在、我々が容易に手に入れることができる著作としては、これまで見てきた『イタリア古寺巡礼』があるだけであるが、実はもう一つ資料が存在する。それは第三章の註4でも触れた、和辻の死後に妻の照夫人によって公刊された『故国の妻へ』と題された書簡集である。書簡集とは言っても、旅の先々で買い求めた絵葉書も多数含まれている。そして実は『イタリア古寺巡礼』は、この書簡集の終わりの部分、一年半にわたるベルリンでの在外研究も残り少なくなった一九二七年の年の瀬から翌春にかけて、亀井勝一郎たちと共に行ったイタリア旅行についての記述を独立させ、若干、手を加えた上で出版したものである。

したがって、アルプスの北における建築についての和辻の考察を知るためには、我々は同書の中盤部を参照しなければならない。というのも、その前半部分は「洋行」への旅立ちの場面からヨーロッパ到着までの間の船旅についての記述を中心としているからである。言うまでもなく、その間の体験はやがて公刊される『風土』の核となるべきものであった。

ベルリン滞在期間中も和辻は比較的こまめに小旅行を繰り返しているが、ここでは数ある記述の中から、特に古都ゴスラーとローテンブルクを選んで、その観察を検証してみることとしたい。

1　ゴスラー

†「北のローマ」を歩く

ゴスラーはガイドブックに出てはいるものの、一般にはあまり馴染みのない町かもしれない。北ドイツの小さな集落に過ぎなかったゴスラーは、十世紀に付近の鉱山から銅や銀が採掘されてから急成長を遂げ、皇帝の住居も築かれて「北のローマ」と言われるほどに繁栄したとされる。今日ではやや交通アクセスも不便な地方の一小都市であるが、十六世紀頃の建物が今も残る瀟洒な街並みが魅力的である。またその街中から少し足を延ばせば、端正な外観の宮廷を囲んで緑豊かな空間が広がり、そののどかな風景に癒される思いがする。

このゴスラー訪問について和辻は次のように書きだしている。

「ワルトブルグにとまった翌日の午後、レンブラントの画を見にカッセルという所へ行った。急行で二時間ほど。そこに一晩泊って、翌日画を見て、また午後の汽車で幾度も乗りかえをして、ハルツの山の北麓にあるゴスラーという町へ行った。」（『故国の妻へ』二〇三

頁）
この和辻の記述からしても、当時も今同様にアクセスが容易ではなかったことが窺える。筆者は往きはヒルデスハイムで支線に乗り換え、還りはゲッティンゲンまで出て、そこからインターシティに乗り換えたが、どちらかと言えば後者のルートの方が容易であるように思われる。
さて和辻は次のように続けている。
「ゴスラーは中世に最初のドイツ皇帝が都した所で、わりに古い建物が残っているばかりでなく、町全体が古めかしいふうを保存していてなかなか面白い所だ。今は避暑地として、あるいは名所として、人々の遊びに行くところになっている。町はいかにも田舎町らしくのどかで、兵営、中学校、女学校などがあり町を歩いていると、兵士や学生などがひどく目につくくらい歩いている。」（同、二〇三～二〇四頁）
筆者が八十七年後の二〇一五年の十一月に訪れたときの印象では、兵士の姿も学生らしき若者の姿もほとんど見かけられず、観光客の姿が多く目立った。街全体の印象に続けて、和辻は個々の建造物についてもその観察を記している。
「この写真にあるのは昔の城門の遺跡。大小不規則な石を積んだ荒い壁で出来ている。左方の円い部が塔で、右方のほうはその附属屋らしい。いずれも上部はあとでつぎ足したも

の。今はホテルの一部として使っている。そのホテルに私たちは泊った。」（同、二〇四頁）

この外観についての記述に次いで、内部についての記述が続く。

「塔の中は今はビールを飲ませる所になっていて、ホテルの方からも行ければ、外から飲みに入れるようにもなっている。内部もやはり古めかしい。古い日本の百姓家などにあるように、壁や天井が黒くくすぶって居り、又むやみに太い材木を使ってある。天井などにも横に太い材木が渡してある。感じはいかにも素朴だ。」（同前）

このホテルの名前はホテル・デア・アハターマン（Hotel Der Achtermann）と言い、現在も営業中である。実は筆者もこのホテルに泊まり、和辻がビールを飲んだ食堂で食事をしたのであるが、一世紀近く経った今も、煤けた天井や太い柱や梁など、その武骨な印象はほぼ同じである。また和辻の言うように、現在も内からだけでなく外からも利用できるようになっている。

ホテル・デア・アハターマン（筆者撮影）

†ノイウェルク教会

ホテルの向かいにはノイウェルク教会がある。

ノイウェルク教会（筆者撮影）

「このノイウェルク寺院は我々の泊った宿屋のすぐ前にあって、室の窓からも見える。写真は一番工合の悪いところから写してあるので困るが、ゴスラーでは一番感じのいい寺だ。十二世紀の末から始めて十三世紀の中ごろに完成した後期ロマネスクのバジリカ（ローマ時代の宮殿建築で中世の初めに寺院として用いられた様式）。」（同前）

この教会の建物についても、外と内からの眺めが記述される。

「塔の屋根は後になおしたもので、恰好《かっこう》がわるい。初めはもっと短かいものであったらしい。窓が形のアーチになっているのが特徴。それがだんだん形に尖って来てゴシックになる。この寺でも向って左の塔の窓はそうなっている。壁は角々だけちゃんと削った石をつみ、あとは不規則な割石で積んである。その上にしっくいが塗ってあったのが、大部分はげて暗赤色の石のハダの色を出している。この壁の感じがすらりとしていて大変いい。塔の向うに出て形を正面からながめると、特にそれを感ずる。」（同、二〇五頁）

筆者自身には塔の屋根の形状がそう不格好だとは思えず、むしろ和辻が壁を形容しているのと同じ「すらりと」した印象を受けた。なおその教会自体の壁は現在では白く塗られており、「暗赤色の石のハダ」というのはむしろ、教会の周囲を囲む壁に面影を残しているように思われる。

ゴスラーにはいくつかの教会があるが、和辻が一番気に入ったのはこの最初のノイウェルクのようである。次のヤコブ教会については趣味が合わなかったのか酷評している。「やはりロマネスクのものだが、改築がひどくて、ノイウェルク寺に比べるとよほど落ちる。ことに内部はすっかりゴシック式になおしてあるが、俗悪で閉口するようなもの。／ノイウェルク寺の内部はもとの形を大部分保存してあってなかなかいいが、壁画がすっかり塗りなおしてあり、その塗り方がどうも俗悪で感心しなかった。日本の古い寺にのこっている古い色彩とはとても比べものにならない。もしこういう画がいくらか元の姿を保存しているとすれば、中世の絵に甚だ失望する。」（同前）

たしかに側廊側の窓が大きくなっている点を見ると、和辻の指摘通りゴシック式に手直しされているとみることができるであろうし、内部空間の配色や造作が何かゴテゴテして押しつけがましい印象を与えるのも事実であるが、一つだけヤコブ教会の名誉のために付言しておくならば、現在の外観に関する限り、ノイウェルクのやや冷たく痩せた印象を与える白塗りの外壁よりも、こちらの外壁の方が石の風合いのせいか落ち着いた美しさを感じさせる。

†ゴスラーの家屋の構造

教会めぐりの後には、個々の建物についての観察が綴られる。

「ゴスラーの町の工合は大体この写真のようなものだ。家は木骨煉瓦で、上の方が外へ突き出ている。そうしてそこには日本の建物にあるような肱木が使ってある。地震のない国は実にのんきなもので、木の柱が上まで通して立っているというような事はない。一階ごとについでである。例えば

のようになっている所は、a、b、などの部分で柱が一々別の柱になる。つまり柱の上に横に木を置いて、その上にまた別の柱を置いてあるわけだ。むろんカスガイなんかでとめてあるのだろうが、しごくのんきに見える。だから、少し古い家になると、ひどく曲って、屋根などは波をうっている。そうするとまた窓を曲ったまんまにうまくくっつけている。」(同、二〇五〜二〇六頁)

木骨煉瓦造りというのは、この地方に多く見られる造りの家屋で、木の枠組みに煉瓦を嵌め込んだような壁で囲まれた家のことである。ここで和辻が驚いているのは、日本の在来木軸工法で言うところの通し柱がなく、管柱だけで上の階まで積み上げられていることである。和辻はその原因を地震がないことに求めているが、この箇所は和辻が地震の有無について言及している数少ない例の一つである。現在のゴスラーの家並みを見ても目に付くのは、管柱自体の位置が上下で必ずしも揃っておらず、屋根よりも床がへたってしまっている建物があることである。個人住宅から高層ビルに至るまで、何をおいても地震対策が最優先事項である我が国との建て方の違いは、相変わらず明白である。

ゴスラーの建物（筆者撮影）

以上の観察は家屋の構造に関するものであるが、建物の公共性をめぐる和辻らしいコメントも見られる。和辻は広場の正面にある「市役所のようなもの」について、その内部装飾については貶《けな》しながらも、次のように述べている。

「この建物は十五、十六世紀に改造されたもので、二階にはその頃の木彫、壁画などが残っている。見物にはいったが、画などはあまり感心出来なかった。また装飾の好みは、いかにもあくどく、幼稚で、また陰惨で、同じ時代の日本（足利末から桃山）の装飾美術に比べると、日本の方が遥かに趣味は上等だ。ただちがうのは、この写真にあるような公共建築を作っているという点だ。」（同、二〇六頁）

この最後のコメントは、後年の『風土』第三章「モンスーン的風土の特殊形態」の二節「日本」の「ロ」の項「日本の珍しさ」における次の言葉を思い出させる。
　和辻は、日本の議会政治の未熟さと公共意識の希薄さの関連を指摘して言う。
「洋服とともに始まった日本の議会政治が依然としてはなはだ滑稽なものであるのも、人々が公共の問題をおのが問題として関心しないがためである。城壁の内部における共同の生活の訓練から出た政治の様式を、この地盤たる訓練なくしてまねようとするからである。『家』を守る日本人にとっては領主が誰に代わろうとも、ただ彼の家を脅やかさない限り、痛痒を感じない問題であった。よしまた脅やかされても、その脅威は忍従によって防ぎ得るものであった。すなわちいかに奴隷的な労働を強いられても、それは彼から『家』の内部におけるへだてなき生活をさえ奪い去るごときものではなかった。それに対して城壁の内部における生活は、脅威への忍従が人から一切を奪い去ることを意味するがゆえに、ただ共同によって争闘的に防ぐほか道のないものであった。だから前者においては公共的なるものへの無関心を伴なった忍従が発達し、後者においては公共的なるものへの強い関心関与とともに自己の主張の尊重が発達した。デモクラシーは後者において真に可能となるのである。」(『風土』一六七〜一六八頁)
　ここにおいてもまた、先に復習した風土の三類型の中の「モンスーン」域にすむ人間の心性として挙げられた忍従が、私的空間としての「家」に対する執着イコール公共に対する無関心と表裏一体のものとして捉えられているが、この引用中に見られる都市の構造そのものと公共性の関連についての分析は、ゴスラーの次に取り上げるローテンブルクに関する記述においても強調されている。しかし我々はローテンブルクを訪れる前に、今しばらくゴスラーの地に留まって和辻の足跡を辿ることとしよう。

†「念の入れ方、入れ場所がまるで違う」

　次に取り上げられるのは、現在も広場の一角にあって、その色彩と装飾で一際目につく建物である。

「この家は十五世紀末のもの。布商組合の家。今はカイザーヴォルトというホテルになっている。市役所の方はというふうにアーチの尖が少しとがっているが、この家の方はが全然円い。元来円いのはロマネスクの特徴で、それがだんだん尖ってゴシックののようになってくる。この家の出来たのはルネッサンスの時代で、その頃には、再び円いアーチを用い、一階と二階とが、各独立な統一を持って、しかも全体として調和しているような作り方になっている。」（『故国の妻へ』二〇六〜二〇七頁）

　このホテルは現在もカイザーヴォルト（Kaiserworth）という同じ名前で営業しており、広場に面した一階のテラスのテーブル席に腰を下ろして一服している人たちの姿が見受け

ホテル・カイザーヴォルト（筆者撮影）

られる。

なおこの文中に出てくるアーチの様式についての説明はあまりにも初歩的な印象を与えるかもしれないが、おそらくは日本で便りを待つ夫人のみならず子供たちも読むことを想定しての配慮であろう。

和辻はこのホテルの建物に続けて、一行が昼食をとったレストランの装飾について感想を述べた後、次のような興味深いコメントを付け加えている。

「全体の感じは、いかにも北国式で、朗らかなところがない。／日本にはあまりこの時代の町人の家が残っていないから比較出来ぬが、住宅建築として桂離宮の建物などと比較すれば、相違がハッキリ解る。念の入れ方、入れ場所がまるで違う。」（同、二〇八頁）

短いながらも、このコメントで興味深い点が二つある。その一つは最初の文章にある「北国式」についての印象であり、いま一つは桂離宮との比較である。前者は、朗らかさの欠如もしくは暗さを、――すでにみたイタリアにおけるキオストロについての批評においてもしばしば強調されていたように――和辻が北ヨーロッパの建築の特質と見なしていることを示すものである。そして後者は和辻の東西建築の比較において、桂離宮がこの時点ですでに日本建築の代表と見なされていることである。そのコメントがあまりにも簡潔なため、「念の入れ方、入れ場所がまるで違う」と言われても、どこがどう違うのかはここからだけではよく分からないが、その前段で建物を飾る木彫の装飾の夥しさに言及していることからすると、過剰なまでの装飾を特徴とする西洋建築と、逆に簡素さの中に美を求める日本建築の対比が念頭にあったのではないかとも推測される。

おそらくは和辻もまた、建築家ミース・ファン・デア・ローエ（一八八六～一九六九）のモットー〝Less is More〟に共感したのではないだろうか。とは言っても、和辻自身が『桂離宮』の中で強調しているように、桂離宮と同時代に日光東照宮のようなまさに「埋め尽くす建築」もまた造営されていることからすれば、日本建築イコール桂離宮と即断することは許されないであろう。この点については、和辻の桂離宮論について見るところで改めて検討することとしたい。

†カイザーハウス

さてゴスラーの建築物で和辻が最後に取り上げているのは、カイザーハウスである。

カイザーハウス（筆者撮影）

「この写真で見ると非常に遠く見えるが、今×印の所で石に腰かけて眺めると、[1]写真とは大分感じが違う。宮殿はよほど近く見え、屋根は見上げるような気持だ。そうして窓が大変大きいように感じられる。また写真ほど横に細長い感じはしない。横の長さよりも高さを強く感じさせられる。また石を積んだ壁の感じがなかなかいいのだが、それも写真には出ていない。すらりとした、簡素な、なかなかいい感じの宮殿だ。」（同、二〇八頁）

先に述べたように、この宮殿は町の外の緑に囲まれたのどかな場所にある。宮殿の建物には緩やかな登り道を上がって行くのだが、その中腹の斜面は公園のようになっていて、その下りきったところには宮殿と正対してベンチが置かれている。和辻がマークした位置がどこかは定かでないが、高さを強く感じたとあるのは、建物自体の高さによるというよりも下から見上げる形になることが大きいのではないかと思われる。和辻は窓が非常に大きいと述べているが、それは石造りの重さとか威圧感を軽減する効果を上げているように思われる。筆者もまた窓に関して同様の印象を持ったのであるが、中でも興味深く思ったのは、ローマ風のアーチを外枠としつつも、その中央部にギリシア風の柱を支柱として建てていることであった。同様の構成はすでに触れた教会の窓などにも見られるが、その狙いとしてはもちろんデザイン的な要素もあるであろうが、あるいは荷重が一番大きい中央部を補強するという構造力学的な配慮もそこに働いているのかもしれない。

この宮殿の全体的印象としては、「すらりとした」という感じよりも、筆者はむしろ水平軸がもたらす落ち着きと安定感を強く感じた。いずれにしても和辻の言うがごとく、「なかなかいい感じ」の建物である。

以上、我々はゴスラーの建物についての和辻の記述を辿ってきたのであるが、ここでゴスラーに別れを告げて、ローテンブルクに向かうこととしよう。

2 ローテンブルク

†小さな町

和辻はヴュルツブルクで有名なレジデンツなどを見学したのち、ローテンブルク（和辻はローテンブルヒと表記しているが、引用以外はより一般的な表記を用いることとする）まで足を延ばしている。現在、ヴュルツブルクからローテンブルクに行くにはローカル線に乗ってシュタイナッハ乗り換えで約一時間程度の道のりである。

「ヴュルツブルグに一晩とまって、翌八日町を見物し、夕方の汽車でローテンブルヒへ来て泊った。今九日は朝食をおえてから雨のしょぼしょぼ降る中を町中見物してまわった。せまい町だから三時間あまりですっかり見てしまった。」(『故国の妻へ』二七六頁)

和辻の言うとおり小さな町なので、半日もあれば廻りきってしまうのは時間のない旅行者にとっては好都合である。しかしコンパクトながら、日欧の比較という観点からみるとなかなか興味深い町である。

「ローテンブルヒは十七世紀頃から町の形をあまり変えていないので、町全体が骨董品《こっとうひん》のようで面白いところだ。この写真にあるのは、町の北門の塔と、その近所の塁壁とだ。壁のアーチ形の中に作ってあるのは葡萄《ぶどう》。こういう壁が町のまわりをぐるりと取り巻いている。町の端から端までは十分ぐらいで行ける。」(同、二七七頁)

この和辻の記述にある通り、今日でも我々は町の周囲を取り囲む城壁の一部を歩くことができる。上り口は決まった箇所になるが、そこで階段を上り、次のゲートまで細い廊下のような道を伝うようにして歩くことができる。銃眼のような切込みから町の外の景色を覗くこともできれば、内側の町の密集した家並を見渡すこともできる。

和辻はこの町でも教会を訪れてその印象を記している。

「この写真はローテンブルヒの一番大きい寺、ヤコブスキルシェの内部だ。ローテンブルヒは人口九千の町だそうだが、寺はこの外にまだ三つ四つあったかと思う。ゴシックの建築だが、大変あっさりしていて感じが好かった。外部をうまくとった写真は見つからなかったが、外部もこの内部と同じような感じだ。／正面に見える窓も大変感じが好く、左右の柱もあまり細かく分割してなくて、すらりとまとまった感じを与える。」（同、二七八頁）

ローテンブルクの石垣（筆者撮影）

確かに教会内部の装飾もゴテゴテした感じはなく、窓も柱も細作りですっきりした印象を与える。和辻は言及していないが、この教会には木彫の巨匠リーメンシュナイダーの手になる「聖血の祭壇」（Heilig-Blut-Altar）があり、下段に再現された「最後の晩餐」は特に有名である。

ローテンブルクについての和辻の記述の中で特に興味深いのは、以下のコメントである。

「雨の降るなか、ローテンブルヒの町をぐるぐる歩きまわったが、こういう小さな町でこれだけの建築物をつくり、厳重な石垣でまわりをめぐらしているのは、ちょっと驚かされた。四五百年前のドイツ人が、自然と戦うよりもむしろ人間と戦う必要のあった事、敵の攻撃に対して町全体の人間が団結して防ぐ必要のあった事など考えると、こういう所で自ら市民道徳だか公衆道徳だかが発達したのも無理はないと思った。しかしこの公衆道徳というふうなものが、いつも敵国と残酷な戦争をする事に結びついているので、いわば仲間の間だけに通用するに過ぎない傾向を持っている所以もわかったと思った。」(同前)

この言葉が興味深いのは、まず『風土』において展開される「ウチ」「ソト」の別に基づいた日欧の家屋並びに都市の造りとそこに住む人間たちの間柄の間に存する相関関係についての指摘が、実は相対的なものであることが示唆されている点にある。

†城壁の「ウチ」と「ソト」

すなわち、『風土』を読む限りでは日本においては「ウチ」が文字通り個人の「家」であってその外部は「ソト」として配慮の対象外であるのに対して、西欧では「ウチ」が個人の居室にまで切り詰められる一方、他方では住宅の居間と町は共に「ソト」でありながらも社交空間として配慮の対象となるとされていたのであるが、このローテンブルクに関するコメントを見ると、西欧における都市もまたその外部・外敵に対しては「へだて」の意志を露わにし、張り巡らされた堅固な城壁の内部で「ウチ」を形成していると見なすことができるからである。先に見た『風土』第三章第二節「ロ」の項においては次のように述べられている。

「ヨーロッパにおいては最も強い『へだて』は過去にあっては町を取り巻く城壁であり現在にあっては国境であるが、日本にはそのいずれもが存しない。桃山時代の前後に諸地方の城下町は初めて壕と土手をもって取り囲まれたが、しかしそれは武士の一群が他の攻撃を予想して作った防御工事であって、この町が他に対し己れを護り距てる意志を表わしたものではない。ヨーロッパの町の城壁に当たるものは、日本においてはまさしく家のまわりの垣根であり、塀であり、戸閉まりである。」(『風土』一六四～一六五頁)

この和辻の言葉からすると、西欧にあっては「ウチ」がいわば町全体にまで拡大しているとも見られるが、このことは城壁内部の成員同士の間柄において日本的「自他不二」の理想が働いていることを意味しない。そこに和辻が見出すのは、共同性の強調が個の確立を促したという逆説的な事態である。和辻は言う。

「城壁の内部においては、人々は共同の敵に対して団結し、共同の力をもっておのれが生命を護った。共同を危うくすることは隣人のみならずおのが生存をも危うくすることであった。そこで共同が生活の基調としてそのあらゆる生活の仕方を規定した。義務の意識はあらゆる道徳的意識の最も前面に立つものとなった。とともに、個人を埋没しようとするこの共同が強く個人性を覚醒させ、個人の権利はその義務の半面として同じく意識の前面に立つに至った。だから『城壁』と『鍵』とは、この生活様式の象徴である。」（同、一六五頁）

もう一つ興味深いのは、「ウチ」が個人の集合としての町の境界まで拡大されながらも、城壁を越えて拡大されるには至らないのに応じて、都市住民の間に成り立つ「市民道徳」あるいは「公衆道徳」の内容もまた、普遍妥当性を持つものとしてではなく、地域的限定を受けたもの――「いわば仲間の間だけに通用するにすぎない傾向を持っている」――と見なされている点である。このことは和辻倫理学全体の解釈にも関係する重要な要素であるように思われる。

以上、我々は西欧内部における風土と建築の対照についての和辻の分析を見てきたのであるが、最後に我々は西洋建築と日本建築についての比較に目を転ずることとしよう。その際、メインテクストとなるのは、言うまでもなく、和辻建築美学の集大成とも言うべき『桂離宮』である。

註

（1）×印は、写真もしくは絵葉書に標したものと思われる。

第五章

面と線の美学
——『桂離宮』をめぐって

桂離宮古書院(撮影:KimonBerlin)

以上、我々は和辻の四冊の著作に含まれる建築論に焦点を合わせて検討を加えてきたのであるが、それらの書物は建築論を含みはしても、建築そのものを主題とするものではなかった。これに対して『桂離宮』は、初めから桂離宮という一個の建築物を総体として理解することを目指すものである。筆者は本書の冒頭で、先行研究の中に和辻の建築論に注目したものは皆無に近いと述べたが、桂離宮論に限れば、坂部恵の論考がある。坂部は『桂離宮』について次のように評している。

「森蘊《おさむ》の研究をうけて、八条宮智仁《としひと》親王を桂離宮の作者として重視する立場に立ち、現地での実際の印象にくり返し立ちかえり、一方でまた関係古文書をひろく渉猟しながら、先を急がず淡々と進められる考察は、しかしながら、もはや読者のことなどはあまり意中になく興味のおもむくままに探索と着想の糸をたどる晩年の和辻のほとんど自在な遊びといってよい境地を示して、書中に挿入された渡辺義雄の手になる見事な出来栄えの写真の数々とともに、わたくし個人は、和辻の著書のなかでとりわけて好もしく感じるものの一つである。(1)」

さすが慧眼の坂部氏の評であるが、ただ筆者には決してこの書が和辻にとって「自在な遊び」に過ぎないものであったとは思えない。むしろ引用にもある森や太田博太郎をはじめとする日本建築史の大家の専門的研究を咀嚼しつつ、自分の直観と哲学的思考力の全てを傾けて〈桂の美〉というSache《ザッヘ》（事象）そのものに迫ろうとしている不退転の試みであるように思えるのである。そしておそらくは、その和辻の本気度が森をはじめとする諸家を巻き込んだ論争に火をつけることにもなったのである。

また哲学者の田中久文は、日本美の本質を探究する著作の一章を和辻の建築および庭園論の検討に当てている。桂離宮をめぐる箇にして要を得た論述は拙著と重なるところが少なくないが、併せて二条城の建築的構成と意匠についての明晰かつ示唆に富む紹介がなされており、有意義である(2)。

さて、和辻の叙述は土地の選定から造営と改修に至る桂離宮の生成過程とそれに関わった人物の特定や、建物と庭園構成の妙についての分析など広範にわたるが、その詳細の検討に入る前に、和辻が再三強調する日光廟と桂離宮の対比について見ておくことにしよう。というのも、この対比もしくは対立軸は、常に和辻の問題意識のフレームを形作っていたように思われるからである。

1　日光廟と桂離宮

†『桂離宮』の執筆背景

和辻は改訂版『桂離宮――様式の背後を探る』[3]の序の冒頭、先行研究に啓発されるところ大であったことを述べた後、次のように言う。

「中でも桂離宮の様式の問題は、強くわたくしの心を捕えたように思う。というのは、この建築は日光廟と時を同じくして製作されたものであるが、その日光廟と桂離宮とは、同時代の建築として同じ時代的様式を示しているどころか、およそ建築として考えられる限りの最も極端な反対様式を示しているように見える。日光廟はあらゆる技術をことごとく注ぎ込んで装飾に装飾を重ねたもの、言いかえればこれでもかこれでもかというように飽くことなく美を積み重ねることによって最上の美が作り出せると考えた態度によって作られたものであるが、桂離宮はちょうどその反対に、できるだけ装飾を捨て、できるだけ形を簡素にすることによって、かえって最上の美が現われるとする態度によって作られたものである。従って日光廟を『結構』とか『美しい』とかと感ずるような人々の間から桂離宮のようなものは生まれて来ないであろうし、桂離宮を美しいと感ずるような人々の間では、日光廟のようなものは到底作る気持ちになれなかったであろう。」(『様式』一九五頁)

このように、和辻は桂離宮と日光廟についての美的判断(趣味判断)が、二者択一でしかあり得ないことを強調した上で、その意味を問う。

「それほどに異なった二つの様式が、同じ時代に、しかも接触がなかったとも思えない人々の間に、出現したということは、一体何を意味するのであろうか。廟建築と住宅建築との相違とか、書院造りと数寄屋造りとの相違とかということで、十分説明がつくのであろうか。その点がどうもわたくしには理解ができなかった。日光廟を美しいと感じた人たちは、住宅を美しくしたいと思う時には、やはりその様式を使っているように見える。茶室はそういう様式に対する否定の立場を示しているのであろうか。しかしそういう否定の中から桂離宮に示されているような形式感覚を生み出して来たのは一体だれであるか。一体当時の武家の中に、眼前で行なわれている日光廟の製作に対して、否定の態度を執り得るような人がいたのであるか。」(同、一九五〜一九六頁)

引用が長くなったが、ここで明確に定式化されている〈あれか、これか〉を前にして、『桂離宮』の著者である和辻自身がどちらを取るかは明白であろう。ただし、この桂と日光廟の対比と評価について言えば、周知のごとく、建築家のブルーノ・タウト(一八八〇

〜一九三八）も和辻と同様の見解を取っているのであり、(4) 本文中でタウトへの言及が皆無なのは不思議に思える。

✝ブルーノ・タウトの日光廟論

タウトは『日本美の再発見』の一節で「専制者芸術の極致」として日光廟を名指しした上で、次のように評する。

「ここには伊勢神宮に見られる純粋な構造もなければ、最高度の明澄さもない。材料の清浄もなければ、釣合の美しさもない、——およそ建築を意味するものはひとつもないのである。そしてこの建築の欠如に代るところのものは、過度の装飾と浮華の美だけである。」（『日本美の再発見』一二三頁）

タウトによればこの建築の貧困を救った救世主こそ、桂離宮に他ならない。

「しかし日本人の天才は、一つの偉業をなしとげるために、いま一度たちあがった。しかもそれは、あたかも日光廟の建築と時代を同じくしているのである。一五八九年から一六四三年までに、京都の近郊に桂離宮が造営された。この建築によって成就された特殊な業績は、これに類する他の建築物にも再現せられている。しかしそれにもかかわらず桂離宮は、伊勢の外宮と共に、日本建築が生んだ世界的標準の作品と称してさしつかえない。日本的思想に含まれている純正高雅な要素は、奈良時代から一千年を降ったこの時に、その間に分化した種々な技法と精神の哲学的洗練と結合して、いま一度桂離宮に集注したのである。」（同、二四頁）

この書に先立つ『ニッポン』(5)においては、日光廟に対する嫌悪もしくは憎悪がより直截にぶつけられている。

「日光のそれのような絢爛たる建物は、環境がどんなに美しくとも、それだけにますます不快な感じを与える。規模の均整はほとんど製図板上の図でも見るように凝固してしまっていて、遊覧案内書の中で日本最大の観物《みもの》と讃えられているものは実は日本文化の大敗北である。実際、日光東照宮のあの著名な門を公平な眼で眺めて見るが好い！　あれは実はまったく粗野な無趣味ではないか？」（『ニッポン』五八頁）

†「ムカつく建築」

今風の言い方をすれば、まさに「ムカつく建築」ということになるであろうが、井上章一の刺激的な論考『つくられた桂離宮神話』(6)によれば、ムカつく思いを覚えたのは、タウトだけではないようである。氏によれば、法隆寺のエンタシスとの関連でも言及した伊東忠太は次のように述べているそうである。

「日光の社殿は大体形状先づ醜なり、而して之に施すに無法なる彫刻と迂拙《うせつ》なる色彩とを以てす、美ならんと欲するも得べけんや。」（『つくられた桂離宮神話』九一頁）

井上氏によれば東照宮を貶したのは伊東に限られないようで、元々、タウトが酷評する以前から東照宮は「悪く評されることのほうが多かった」とされる。

氏の解釈で興味深く思われるのは、建築におけるモダニズムの台頭と桂および日光の評価の関係である。

「さきにものべたが、桂離宮の場合だと、モダニズム(7)以前の評価は低かった。建築史家の伊東忠太も、これをおざなりにあつかっている。建築界における桂離宮認識は、モダニズムのもりあがりと呼応して、急上昇をとげていくのである。決定的な変化がモダニズム前後にあったというべきだろう。しかし、東照宮についてはそうでもない。モダニズム以後になって、急にその評価が下落しはじめたというわけではないのである。」（同、九〇頁）

このように「桂対日光」の関ヶ原においては形勢不利な東軍ではあるが、後者を評価する声がなかったわけではない。井上は建築史家・関野貞の「工芸の精華を集めて之を大成する者」とのコメントを、「手法の繁縟《はんじよく》の弊《へい》に陥りたるを惜む」との留保付きで紹介しているが、より率直に称賛しているのは、保田與重郎《やすだよじゆうろう》（一九一〇〜一九八一）である。

「日光東照宮は、世俗的に高名だが、多少知識人を自負する人々は以前からこれをけなしてきた。多数の外国の観光客は感嘆したが、ブルーノ・タウトが、桂離宮をほめる時、對蹠的に日光をけなしてから、さらに日光の評判は下降した。タウトは、京都のミカドの芸術と江戸の将軍の建造物をくらべ、京都のミカドの文明の高貴さに比して、覇者の文物が如何にいやしく低いかを云った。都雅の文明と、覇道の文物の異同としては、さういふ一般論はもつともである。かういふ美観はいくら啓蒙しても、なお啓蒙しきれない嘆きの中にゐる。しかし日光を一概に覇道のものといふのは、如何であらうか。日光の全構成は、人工を自然に仕へさせる謙虚さに於て、日本の多くの民衆が思つてゐるやうに美しいのである。」(『日本の美術史』三五九〜三六〇頁)(8)

このように保田は日光を弁護するのであるが、保田が日光を高く評価するのは、建物そのものの美というよりは、まさにその「全構成」にあるようである。

「日光のすぐれた点は、その自然美と人工の配置にある。大並木の参道から始って、日光全山の風景をのみこんだ上で、土地造成や地割を設計した点を考へると、日本建築の大念願を殆ど生かした大造園工事である。その人工がある程度低下し堕落してゐるのは、太閤薨去《こうきよ》後四十年に近い時代に、代の変つた工人を集めてした建築だから仕方ない。」(同、三六〇頁)

どちらに軍配を上げるかはさておき、佐々木睦朗は先の和辻の言葉を引きながら、次のように述べている。

「この和辻による的確な論説が示すように、人々が建築において培ってきた美意識や造形感覚はそう簡単に変わるものではなく、同じ時代にあっても人によって建築に対する美意識が極端に異なるものであることが理解されよう。また、和辻は建築における装飾の有無の問題を中心にして議論を展開しているが、これは同時に、過去の伝統的な様式建築の装飾美を否定して、装飾のない建築の美しさを求めた二〇世紀初頭の西欧における近代建築運動の理念につながる問題でもあった。建築の美における装飾の肯定・否定の問題は、現代においても本質的な建築的課題であり、さすがに近代日本を代表する哲学者・和辻は建築の門外漢にもかかわらず客観的な視座から問題の核心を鋭く指摘している。(9)」

果たして「建築の門外漢」とされる和辻の問いが、氏の言うように趣味判断の相対性と装飾の有無の是非に還元されるかどうかはともかくとして、その問いが「建築の専門家」にとっても一つの問題提起になっている証左にはなるであろう。ただ一言付け加えるならば、和辻にとって桂離宮の美は、ミース・ファン・デア・ローエの "Less is More" と相通ずるものがあったとしても、決してタウトもその一翼を担ったノイエ・ザッハリッヒカイト流[10]の無味乾燥な無装飾性でなかったことだけは確かであろう。

以上、我々は和辻の桂論そのものに入る前に、日光東照宮との比較について述べられた代表的見解のいくつかを見たのであるが、この対立軸を踏まえた上で、和辻の桂論の検討に歩を進めることとしよう。

2 「桂離宮印象記」

†和辻の桂離宮論

実は和辻の桂離宮論には三つのヴァージョンがある。まず最初に書かれたのは、昭和三十年に雑誌『中央公論』に連載された「桂離宮印象記[11]」である。第二は同じ年に中央公論社から出版された『桂離宮――製作過程の考察』であり、三つ目がその三年後に前著を改訂し副題も改めて出版された『桂離宮――様式の背後を探る』である。

そしてこの改訂の背景には、森をはじめとする建築史家および堀口捨己《すてみ》のような実作者からの和辻批判があったのである。まずは最初の二著の概略を紹介した上で、諸家の批判に目を向けることとしよう。中でも「桂離宮印象記」（以下、「印象記」と略）は書籍ではないものの、一方で『風土』などの先行著作における主張を引き継ぎつつ、他方では後に続く著作の基本的内容を素描した原図とも言えるものなので、少し詳しく見ていくこととしたい。

この連載を引き受けるに至った経緯について、和辻は連載第一回の冒頭で次のように説明している。

「嶋中君から桂離宮の印象記を書いて見ないかといふ勧誘を受けたのは、大分前の話である。その時には一寸意が動いたので、書いて見ようと約束したが、手をつけないでゐるうちに一、二年経過し、やがて堀口捨己氏の『桂離宮』が出版された。かういふ立派な、周到な研究が出た以上は、中途半端な印象記などはない方がよからうと考へて、嶋中君との最初の約束は解消して貰ったのであった。しかし考へて見ると、わたくしが桂離宮の印象として心に貯へてゐることは、必ずしも堀口氏の著書の内容と同じではない。桂離宮ほどの作品は、いろいろの人から繰り返し巻き返し問題とされてもよかろう。そこで、嶋中君から新しく執筆を促された機会に、また前の約束を復活したのが、確か昨年のことであった。」（「印象記」第一回、一月号、二四三頁）

しかし面白いことには、和辻はただちに「作品」に立ち入ることはせず、「桂離宮の鑑賞と保存との衝突の問題」というぅいわば二次的な問題を取り上げ、さらにこれを一般化して、桂離宮に限らず代表的な名園や公園全般の利用と保存の問題として論じるのである。それに応じて、この第一回の印象記は「公共的庭園について」と題されている。

ここで、八回にわたる「印象記」の各回ごとのタイトルをあらかじめ掲げておけば、左の通りである。

第一回　公共的庭園について
第二回　庭園の製作と作者の問題
第三回　借景の問題
第四回　加藤左馬助進上奥州白川石
第五回　古書院とその改造の問題
第六回　平面的なもの直線的なものの美しさ
第七回　松琴亭について
第八回　桂離宮の完成

以上のラインアップを見ても分かるように、第二回以降の諸論考の主題はその後単行本としてまとめられた著作における主として美学的な分析と重なっているのに対して、第一回目の論考のユニークなところは、それがより社会科学的な視点からの吟味になっているところである。文化遺産の保全・保存と一般公衆への開放という背反する要素も含む問題をめぐる和辻の指摘と提言は、現代的な意義も有すると思われるので、美学的分析に入る前にその骨子を紹介しておくこととしよう。

†第一回「公共的庭園について」

和辻はまず、桂離宮をめぐる議論の中でも「妙に深く心に刻み込まれるやうになった」問題として、「桂離宮の鑑賞と保存との衝突の問題」を挙げている。そして「拝観人によってあの庭園が毀損せられるであらうなどといふ危険」が戦前には全くなかったことを指摘し、その理由として宮内省（現宮内庁）による手厚い保護が加えられていたことを挙げる。

「戦前の宮内省は、所謂お役所仕事の範疇を脱して、まことに申分のない愛護をやってゐたやうに思はれる。庭好きの富豪の庭園でなくては見られないような綿密な念の入れ方が、或はそれ以上のものがここには見られた。桂離宮も勿論その一つの例であった。」（同、二四四頁）

しかし、和辻はこのように手厚い保護を「宮内省の功績のうちの最も光ったものと云ってよい」と評価しつつも、他方でその保護の裏に厳しい拝観制限が存在したことを指摘する。

「しかしこの功績の裏には暗い面を伴っている。保存保護という点であれほど申分のない努力をした宮内省が、鑑賞とか受用とかの点においては、全く別の態度を取ってゐたからである。即ちこれらの離宮などについては、一般の民衆に拝観の資格を認めず、ただ位階勲等の所持者や高等官に任官したもののみにその資格を認めたということである。これはこの種の優れた芸術品の公共性を著しく歪めたものであって、文化財の保護にあれほど力をつくした態度と釣り合はない。」(同前)

とは言え、和辻は制限すること自体について批判しているわけではない。和辻が問題とするのは「制限の仕方であって、制限そのものではない」のである。そしてこの点で戦前の制限は適切なものではなかったことを指摘する。

「この種の芸術品に対して当然接近を許さるべきやうな、実質的な資格を供へた人々が、拝観を許されず、単に形式的な資格によって、この種の芸術品とは恐らく無縁な人々が、拝観の『特権』を許されるといふ結果になってゐはしなかったであらうか。拝観者の数はなるほど制限されて少かったであらうが、その少数者が高貴な芸術品の受用のために来たのではなく、ただ特権を受用するために来たのであったとすれば、むしろ右の結果は、公共的な鑑賞や受用を禁圧したことになるのではなかろうか。」（同前）

そして和辻は戦後これらの特権が廃止されたことを「まことに結構なこと」として歓迎しつつも、今度は今度で新たな毀損の危惧が生じていることに注意を促す。すなわち制限の緩和に伴い「拝観人の数が激増した」にもかかわらず、経費削減に起因する人員不足から、案内人の目の届かないところで仮令本人には悪意がなくとも、「障壁画に触れたり、彫物をいぢったり」あるいは「苔を踏みつけたり砂利を蹴飛ばしたりするかも知れない」のである。それが繰り返されると「その結果は確実に現はれてくる」のであり、「庭園や建物が拝観人によって毀損せられるであらうということ」が杞憂ではなくなるのである。

まさに「ここに鑑賞と保存との利害衝突の問題が活潑に頭をもたげてくる」のであり、和辻はそのアポリアを次のように要約する。

「今のやうな形で広く公衆に鑑賞の自由を許して置けば、この貴重な芸術品の保存は不可能となるかも知れない。がその保存を重視して、戦前ほどに観覧を制限するとすれば、目下の保護能力に比例して、観覧者の人数を戦前よりも遥かに少くしなくてはならない。」（同前）

しかしこのことは、「現在の民主主義的な傾向に対して公然と戦を挑んだやうな外観を呈する」ことになりかねないのである。

†和辻の公園論

このように、和辻は時代の趨勢と、時代を超えた文化財の保存とのジレンマを直視しつつその解決策を模索するのであるが、その手がかりとされるのが内外の代表的な公園である。和辻は西欧の有名な公園を列挙した上で、日本の公園と比較する。

「公園は文字通り公共的な庭園であって、ミュンヘンの自然公園であるとか、パリのブーローニュの森であるとか、ロンドンのハイド・パークであるとかのやうに、人々がその中を漫歩して庭園という一つの芸術の美しさを満喫するやうに出来てゐるところである。ところで日本人は明治以後、このやうな意味の『公園』を一つでも作ったであらうか。なるほど、優れた庭園は幾つも作られた。しかしそれらは皆貴族や富豪の私有の庭園であって、公共的な公園ではなかった。」(同、二四六頁)

和辻は国内の公園の例として上野公園、芝公園、日比谷公園を挙げた上で、「これらの公園で庭園といふ芸術の美しさを満喫し得るのであらうか」と問い、「上野や芝は、昔寛永寺や増上寺の境内として、相当に庭園的な美しさを持ってゐたのであらうが、明治以後にはそれは破壊されてしまった」と結論する。その原因を和辻は「公園」という存在の本来の目的についての無理解に求める。

「上野の如きは、幾度か博覧会場として流用され、庭園としての固有の存在を認められなかった。つまり公園と呼びながらも公共的な庭園としては取扱わず、ただ公共の催しのために自由に使へるあき地、大勢が集まって騒いだり暴れたりすることの出来る広場としてのみ取扱ったのである。」(同前)

今日の上野公園が桜の名所=御花見の名所=カラオケ宴会の名所(?)であることを思うと、和辻の指摘が今なおそのまま当てはまるように思うのは筆者だけであろうか。

和辻は首都を代表する上野公園も芝公園も西欧的な意味での「公園」の理想から「甚だ遠いもの」であったのみならず、「ヨーロッパの公園の現実に比べても、足許へさえ寄りつけぬものであった」と断じ、そもそも「日本人は『公園』を作る能力がないのではないかという疑問さえ起こるほどであった」としている。以上の批評は、どちらかと言えば公園を作り管理する側の意識に向けられたものと言えようが、続けて和辻は公園を使用する民衆の側にも批判の矛先を向ける。

「この疑問はさらに、日本の公衆が公園を荒らすあの態度によって、一層強められるであらう。花見のあとの公園には紙屑が一杯に散らばってゐる。それを散らばらせる人々は、必ずしも自分の家の前とか庭とかに紙屑の散らばってゐることを好む人なのではない。自分の家の場合には箒を取って掃き清めずにはゐられない人たちが、公園には平気で紙屑を捨てるのである。或はまた、公園の花の枝は無慚に手折られ、芝生はひどく踏み荒される。そういふことをあえて敢てする人でも、自分の家の小さな庭には大切に花や草を育ててゐるのであって、さういふものに対する感受性を欠いているわけではない。」（同、二四七頁）

†〈公的なもの〉に対する感覚の欠如

ここにおいてもまた表れているのは、〈ソト〉と〈ウチ〉の落差、鮮明なコントラストである。ただしここでの対照は日本家屋の構造に反映された間柄のそれではなく、振る舞いのそれである。

「即ち自分の家や自分の庭に関してはなすことを好まない所業でも、公園に対しては平気でやるといふことになる。これは『公園』が実は『自分たち皆のもの』であり、自分たちの納める税金で作られてゐるといふことを、理解しない態度である。」（同前）

和辻の目から見れば、このような民衆の側における〈公的なもの〉に対する感覚の欠如は、「『公園』を作る能力がないといふこととほぼ同じことを意味する」のである。

以上のある意味では悲観的とも思える観察と批評は昭和三〇年に書かれたものであるが、実は昭和一八年に刊行された『風土』の改訂版の「日本の珍しさ」の中に登場する「『洋服』を着た『洋館』に住む人」についての記述とほぼ同趣旨のものであることは興味深い。和辻はその中で一頻り日本人の間柄と日本家屋の構造との相関を論じた上で、〈ウチ〉〈ソト〉の区別が家の内と外での振る舞いの差にも表れることを、この紳士を例にとって言う。

「彼はその洋館の前庭に芝生を敷き花壇を作っている。時には植木屋を入れてその手入れをする。それは彼とその家族とがそこにおいて楽しむためである。しかし彼は町の公園に対しては何の関心をも示さぬ。公園は『家』の外にある、だから他人のものである。」

(『風土』一六六〜一六七頁)

この指摘はまさに直前に見た「印象記」におけるそれと全く同じであるが、ここではもう一点、いわば最も公的なものとしての政治についての意識にも言及されている点が注目される。

「彼は洋館に住むほどの新しい人として子供の教育には熱心であり、子供がもし不正なことを平気でやるようなことがあれば、その全心情を傾けて関心するのであるが、公共のことについての政治家の不正に対しては、その百分の一ほどの熱心も示さぬ。さらにまたこの種の政治家によって統制される社会が、その経済的の病弊のために刻々として危機に近づいて行くのを見ても、それは『家の外』のことであり、また何人かが恐らく責めを負うであろうこととして、それに対する明白な態度決定をさえも示さぬ。すなわち社会のことは自分のことではないのである。というのは、この人の生活がいささかもヨーロッパ化していないということである。」（同、一六七頁）

†新宿御苑

はたして「家の外」のこととしての政治に対する関心が安保改定の年であった昭和三十年においても低いままであったかどうかは断定できないが、こと公園に関する限り、その年になっても和辻の評価に大きな変化はなかったと見ることができるであろう。

しかし和辻は公園を作る能力の欠如を嘆くだけには終らず、我が国が直面していた保存と開放のアポリア解決の具体的提案を試みている。その際、彼がモデルとして取り上げるのは今日の我々にも馴染みのある新宿御苑である。和辻は新宿御苑がまさに「御苑」として宮内省の手になるものであり、一般に公開された公園ではなかったことを指摘した上で、次のように述べる。

「しかし皇室の有といふことは、曾てそれが公有を意味してゐたことに示されてゐる如く、単なる私有ではなくして、本質的に公有と通ずる意義を担ったものである。だからこの『新宿御苑』は、規模の上からも、形成の上からも、公園たり得るやうに、或は公園たるべきやうに、作られたのであった。戦後それは国有に移され、厚生省の管理する公園とし

新宿御苑、旧御凉亭（筆者撮影）

て一般に公開されてゐるが、かく公園として取扱われても工合の悪い点は少しもないやうに思はれる。」（「印象記・一」二四七頁）

そして和辻は「この公園は、ヨーロッパのどの公園に比べても、少しも見劣りのしないほど、立派な、美しい公園である」とした上で、「日本人もまた公園を作る能力を持ってゐたのだといふことを、事実において立証したのは、ほかならぬ宮内省であったといふことになる」と今日の宮内庁のお役人が聞いたら喜びそうな結論を出している。そしてこのように宮内省の功績を持ち上げた後で、新たに「国有に移され厚生省の管理を受け始めてからまだ六、七年にしかならない」にもかかわらずすでに荒れ始めている新宿御苑の現状を指摘した上で、公園を利用する公衆のモラルの低さ、未成熟を指弾して言う。

「しかし翻って考えると、明治以来、宮内省のみが公園らしい公園の製作につとめ、公衆はむしろ公共的な庭園を荒して非庭園化に努める側に廻ってゐたのであるとすれば、この公衆を庭園の愛護にまで導いて行くのは容易ではないかも知れぬ。」（同、二四八頁）

和辻によれば、幼児に公園利用の規律を教え込むのは「三つ児の訓練」であるが、「日本では、大人にもそういふ訓練が身についてゐない」とされる（同、二四九頁）。

そして「新宿御苑の一部分にすでに現われ始めてゐる不吉な徴候」として子供たちが駆け回って遊ぶことによる芝生の荒廃を例に挙げて、「これは公共的な庭園、即ち国民のものである高価な芸術的作品と、子供の遊び場所とを混同することによって起った、まことに馬鹿々々しい錯誤である」（同前）としている。

†観覧者の制限

こうした和辻の見方に大衆蔑視、西欧崇拝の匂いを嗅ぎ付けてそれに反発する向きもあるかもしれないが、和辻自身、そのような反発を覚悟の上で自説を主張していると見ることができそうである。和辻は桂離宮の保護の問題が結局は「観覧者の制限」に帰着することを指摘して、「この制限は観覧を特権的ならしめるのであるから、この頃の民主主義の傾向には反することになる」としつつも、「たとひ制限が自由の束縛であるかのやうに受け取られるとしても、必要な場合には敢然として制限すべきである。民主主義的な風潮に気兼ねをして、なすべき制限をなし得ないのは、怯懦な態度だといふほかはない」（同、二五〇頁）と主張するのである。中でも「桂離宮の場合には、いかに難しくとも観覧者は厳密に制限されなくてはならぬ。それは桂離宮の保存にとって絶対的な条件である」（同、二五一頁）とまで言う。それでは和辻の言う制限の方法とはいかなるものか。

その制限は、二つの資格を充たせるかどうかによる制限である。すなわち、「第一の資格」は、「この種の芸術の製作・鑑賞・研究などに携ってゐるといふこと」であり、「第二の資格」は社会的地位とは関係なく、「芸術を愛好するといふこと」である。そして和辻は「かふいふ人々のために、五人とか十人とかを一組として、一日に数回、庭や建物を廻るという程度が、恐らく限度ではないであらうか」（同前）と結んでいる。筆者も平成に入ってから幾度か桂離宮の拝観の列に加わったが、この和辻の極めて具体的な提案は、ほぼ今日の桂離宮拝観において実施されていると見てよいのではないかと思う。

以上、我々は「公園」をめぐる「印象記」の初回の論考の概要について見てきたわけであるが、それは桂の美の分析という本題にとってはいささか回り道のように見えて、実は「愛護」のあるべき姿の模索を通して桂の芸術的価値の高さ、それがまさに保存と真剣な美学的考察に値するものであることをアピールする点で、第二回以降の論考の基礎を固めるものとも言えよう。また〈ウチ〉〈ソト〉による二分法的思考——それは排他的選言を意味する——が、日本家屋の構造のみならず「公園」に接する民衆の振る舞いにまで及んでいるとの指摘は、その思考の射程の長さもしくは根深さを物語るものであるとともに、そこには和辻が『風土』以来一貫して持ちつづけた問題意識が如実に表れているとみることができるのではないだろうか。

†第二回「庭園の製作と作者の問題」

　連載第二回の冒頭で和辻は、前回の主張を再確認した上で、まずは建物ではなく庭園に目を向けている。

「桂離宮の建物や庭園などは、大切に『愛護』されなくてはならない。これはわれわれ国民全体の責任である、ということを考えてゐると、今更のやうに庭園の芸術品としての性格が問題になってくる。それは彫刻・絵画・建築などとかなり違った芸術なのである。その相違は誰もが知ってゐることではあるが、しかしはっきり意識してゐるとは限らない。庭園の愛護や鑑賞のためには、まづこの点を反省して置く必要があるであらう。」（「印象記・二」一五二頁）

　以下、和辻は庭園芸術とそれ以外の造形芸術との種差を列挙していくのであるが、最初に注目するのは素材の違いである。

「まず素材からして著しく違ってゐる。庭園の素材は、土地、岩石、水、草木などであるが、同じく岩石とは云っても、ここで用ゐるのは自然のままの岩石の姿なのであって、彫刻におけるやうに、単に形を担う媒質としての岩石なのではない。また草木と云っても、ここでは生きたままの草や木の姿が用ゐられるのであって、建築用の萱とか木材とかとはまるで違う。」(同前)

ここまでの相違はアリストテレス流の区別で言えば「質料因」の相違であるが、その違いはそれに尽きるものではなく、「目的因」の違いでもある。

「庭園の作者のねらってゐるのは、これらの素材を使って林泉のいろいろな風景を作り出すことであって、岩石を用ゐる彫刻が風景とかかわりのない人体をねらってゐるのとはまるで違ふ。」(同前)

同様に絵画との相違も強調される。

「自然の風景をモデルとして風景を作り出すとゐう点では、風景画と同じであるが、しかしここでも、絵画が顔料を用ゐて平面化して描き出すのに対して、庭園は実際の草木や岩石を配置して風景を作るのであるから、出来上がったものはまるで次元の違った芸術品である。」(同前)

そして和辻は一見したところ「自然の映像に過ぎない」かに見える風景画が実は「自然の風景の写生」であるのに対して、庭園は「人工的な風景」であって「自然の風景とは縁が遠い」とする。しかし庭園は人工的であるにもかかわらず、「自然を模しながらも自然の風景よりは一層純粋に自然の美しさを表現しようとするものである」とされる。
それを可能とするのは、「自然の無駄」を適当に切り捨てる「精神の否定的な働き」に他ならない。

†庭園に織り込まれる〈時間〉

続けて和辻は庭園の「芸術的形成」の独自性について一層具体的に論述を進める。その独自性の本質を成すものとして強調されるのは、動きであり、変動である。

このことは、庭園の形成にあたって当初から、季節ごとの草木の移り変わりという形で〈時間〉という契機が織り込み済みであることを物語るものでもあろう。つまり庭園において重要なのは、作品に結晶した静止した「形」ではなく、形そのものが「移り変わる」ことなのである。

「庭園の場合には、さういふ定まった『形』に相応するものは、地割りとか石組みとかのやうな、輪郭的な、動かない部分だけで、その中を充たしている数多い草木は、毎年春には新しく芽ぶき、秋には古い葉を落して、その間に或る程度の成長を見せるといふ、生きて動いて行くものなのである。(…)庭園が人々の鑑賞を受ける場合には、それは静止したものとして静止した形においてである。しかしそれにも拘らず、草木の一年の間の色彩の変動や、空間的な大きさの変動は、かなりに著しい。従って季節が移り変わるに応じて、人は同じ庭園において異なった形を鑑賞することになる。つまり庭園の形は移り変わるのである。鑑賞されるのはいつも『静止した形』においてでありながら、それは『季節的に移り変わってゐる形』としてなのである。」（同、一五三頁）

ここで興味深く思われるのは、この庭園の「形」における〈静止と動きの弁証法〉とでもいった記述においてもまた、日本人の「台風的性格」の記述に見られた撞着語法が用いられていることである。このことは連載第一回の終わりで指摘した〈ウチ〉〈ソト〉による二分法と並んで、撞着語法が和辻の哲学的分析にとって欠くべからざるツールであったことを物語るものであろう。

続けて和辻は、著しい「変動」の代表として挙げていた「色彩の変動」と「大きさの変動」について、さらに立入った考察を加えている。まず色彩について見れば、「常緑樹と落葉樹の組み合はせなどは、色彩の調和の点から特に意を用ゐなくてはならない」のであるが、「同じ落葉樹でも、新芽の出る時期も違へば、その新芽の緑の色調も違う」が故に、「四季の移り変わりを通じての色彩の調和といふ如きことは、それぞれの草木の特性に通暁した上で、なほ相当に綿密な配慮を必要とする」（同前）とされる。

これだけでも十分厄介な仕事になりそうであるが、もう一つの「大きさの変動」は、いっそう大きな困難を伴うようである。

「草木は季節的に色彩を変へると共に、枝をのばし幹を太らせてくるのである。この大きさの変化を適当に統制しなければ、年と共に庭園の輪郭的な形が変ってしまう。しかし草木をいつまでも元の形、元の大きさに保って行くといふことは、非常にむつかしい。それは季節の変化を通じて色彩の調和を保って行くといふよりも困難な仕事である。」(同、一五三〜一五四頁)

そして和辻は松、杉、檜など具体的な樹木の名前を挙げてその特性とそれに応じた活かし方を詳述した上で、「伸びの遅い木には強い統制を加へて大きさの変らないことをねらひ、伸びの早い木にはあまり統制を加へずに自由に伸びるに委かせる」という扱い方が、一見したところ「自然の性質と逆に出てゐるやうに見えるが、実は自然の性質に乗っかり、それを活用してゐる」ことを指摘する。また、草木の成長が色彩の変化とは違ってとても「一年」の範囲に収まるものではなく、「一世代」を単位として考えるべきことを強調する。すなわち、「一世代或は数世代を通じての草木の成長を予め念頭に置いて草木を配置するといふことは、さほど難かしいことではない」として、「よき庭を作り得るほどの人は、勿論このことをなし得る人であらうと思はれる」と述べている。

†造園家の仕事と政治家の仕事

続けて和辻は造園家の仕事は「政治家の仕事に似てゐる」と言うのであるが、この類比はいささか突飛に見えるかもしれない。しかし和辻は本気である。

「この類似は決して意味の軽いものではない。生きたものを取扱ってそれぞれの個性を十分に理解し、それらに各々その所を得しめながら、全体の統一を作り上げて行くという心使ひの仕方は、両者に共通である。従って古来の名園が有名な政治家の名と結びついてゐるのは、決して偶然ではないであらう」（同、一五五頁）として、古くは義満、秀吉、明治以後では山縣有朋の名を挙げている。特に有朋については「山縣の非凡な眼力」とまで言って高く評価し、その非凡さを示すものとして、無隣庵や椿山荘を挙げている。要するに和辻が言いたいのは、優れた庭園を造るためには、それぞれの草木の個性を見抜き適材適所に配置するとともに、先を見通す眼力が必要とされるのであり、その点において、政治家の仕事と相通じるものがあるのだということであろう。

†桂離宮の作者

以上は庭園一般についての考察であるが、和辻はそれが本来の対象である桂離宮の作者を考える上でも助けになるとして、いよいよ桂離宮の作者の問題に入るのである。

ここで議論の見通しをよくするために、この問題に関する和辻の基本的主張をあらかじめ要約しておくと、その一つは八条宮家の人々、特に初代智仁《としひと》親王が果たした中心的役割の強調であり、もう一点は後で見るように、タウト等も疑わなかった小堀遠州作者説の排除であろう[12]。まず第一の点に関して、和辻は次のように説き起こしている。

「桂離宮は明治十六年に離宮となったのであって、それまでは桂宮家の別荘であった。その桂宮家は、八條宮として天正の末に始まり、元禄の頃に京極宮と改称し、文化の頃に桂宮となったのであって、明治の初めまでに前後を通じて十一代である。桂離宮の造営は、初代智仁親王（後陽成天皇御弟）第二代智忠《としただ》親王の頃、即ち八條宮と呼ばれた頃のことに属する。従って作者の問題は、まづこの八條宮の方々、特に初代の智仁親王かかわってくる。」（同、一五七〜一五八頁）

和辻はこの智仁親王の人物について、当時の政治情勢――それは秀吉が覇権をほぼ確立した頃である――に触れながら説明を加えている。その中で重要なターニングポイントとして挙げられるのが、天正十六（一五八八）年である。前年に九州の島津氏を従えた秀吉は聚楽第《じゅらくてい》も完成させ、翌十六年には後陽成天皇の行幸を仰いでいる。そしてまさにこの年、秀吉は天皇の弟で当時十歳に過ぎなかった胡佐丸こと後の智仁親王を養子に迎えるのである。この縁組み自体はその二年後に解消されるに至るが——実子、鶴松が生まれたためらしいとされる——、短期間とはいえ秀吉の養子に選ばれたこと自体が親王の非凡さを物語るものであると和辻は見る。

すなわち、「秀吉ほどの人がおのれの後嗣《こうし》として選んだのであるから、この王子の人柄によほど秀吉を惚れ込ませるやうな点があったと認めなくてはならない」、あるいは「人材を思ひ切って抜擢する秀吉の平生のやり方から考へると、秀吉はこの王子のうちにおのれの後嗣たるべき人を認めたのであらう」と、和辻は推測している。

歴史的事実としては、鶴松の誕生と死の結果として甥の秀次が関白に就くことになったのであるが、「もしそういふ偶然の出来事がなく、秀吉が初志の通りこの王子に関白を継がせていたならば、秀次を関白にしたとはよほど違った形勢が生じてゐたかもしれない」(同、一五九頁)とまで言うほど、和辻はこの親王の潜在能力を高く評価している。

さて、このような二人の間柄が元になってか、秀吉が天正十八(一五九〇)年に八條宮のために桂離宮を作ったとする伝説が生まれたようであるが、和辻は同年の八條宮創設と桂離宮の造営を「ごっちゃにした」ものと見て斥けている。とは言え、秀吉が智仁親王の性格や教養の形成の上に影響を与えた可能性は排除していない。しかし、教養の点で最も影響を与えたのは、後陽成天皇とその宮廷であろうとしている。この天皇による源氏物語を始めとする古典の勅版刊行が盛んだった時期が親王の十四、五歳から二十一歳にかけての時期に重なることから、和辻は「そういふ活発な精神的雰囲気が智仁親王に与えた影響も並々でないものがあったであらう」としている。そしてこの後陽成天皇もまた親王を高く評価していたであろうことを物語る出来事が起きる。それは、天皇の後継者選びをめぐる事件である。

秀吉は慶長三（一五九八）年にこの世を去るが、その死の二カ月後に天皇は譲位を申し出る。そして天皇が後継として提議したのが、他ならぬ智仁親王であったという。しかしこの提案を家康は受け入れず、その理由として、後継者はすでに四年前に秀吉によって長皇子良仁親王と定められていること、加えてかつて秀吉の養子となった親王が皇位につくのは好ましくないということを挙げたとされる。時は関ヶ原の戦いの二年前、まさに家康と豊臣方の対立が先鋭化して行く過程であり、家康としては後継者選びが豊臣方に有利に働くことを恐れる気持ちが強かったのかもしれない。

†細川幽斎と親王

この家康と大坂方の対立が高まり行く過程で和辻が特に注目し強調しているのが、細川幽斎（一五三四〜一六一〇）と親王の関係である。有名なガラシャ夫人の夫である細川忠興の父である幽斎は、和辻によれば「当時の教養の最高峰に立ってゐた人で、古今集伝授をうけてゐた」のであるが、自身の存亡の危機の中で「その伝授が空しく絶えることを恐れて、八條宮に伝へようと努力した」という。この伝授についての言及の前では、幽斎が「丹後の田辺城に籠って大坂方の包囲をうけ、戦死を覚悟してゐた」とあるので、具体的な伝授がどのようなかたちで行われたのかは定かでない。しかし和辻は、伝授が八月初めに行われたこと、また朝廷がおそらくは八條宮の意向を受けて幽斎の救出に努力した結果、「幽斎は政治的軍事的な対立を超えた貴重な存在として助け出された」という。ここでまた、和辻の親王礼賛のトーンは一段と高まる。

「この幽斎との関係は、当時数え年でやっと二十二歳であった八條宮が、老いたる幽斎と共に日本の教養の最高峰に立ってゐられたことを示すと共に、またさういふ文化的な世界が武力的対立を超えて独自な権威を持つことを示した点において、恐らく宮廷の人々、或は京都の人々にとっては、関ヶ原の勝負以上に重要な意義を担ってゐたであらう。」（同、一六〇頁）

これはまさに八條宮が和辻にとって秀吉、家康以上のヒーローであったことを如実に物語る一文であるが、和辻の狙いは、政治の世界では表舞台に立つ機会を与えられずに終わったこの英雄に、桂離宮造営の立役者という地位を与えることにある。和辻は細川家に伝わる八条宮の日記「智仁親王御記」に言及し、すでに関ヶ原の戦いの前の年（慶長四〔一五九九〕年）あたりから宮が庭作りに関心を見せ、桜を植え変えたり石を直したりしたとの記述がその中にあることを指摘し、「明かに庭作りの働きである」と結論する。

　また母親の新上東門院の批評がそこに働いた可能性を排除してはいないものの、「さういふ助言があり、それによって直すといふことがあっても、八條宮がこの庭を作られたといふ事実は動かないのである。」と断じている（同、一六一頁）。「この庭」がどの庭を指すのかは明らかにされていないが、「桂離宮の造営はこの時から二十年近く後」と和辻が述べていること、また桂離宮が造営される下桂一帯が八条宮の領地となったのは元和三年（一六一七）年頃――早くとも一六一四年以降――であることを考慮すると、[13] 離宮とは違った場所と推測される。

　和辻によれば、三年後にはその庭に新たに泉水と茶屋が設けられたが、桂離宮とも縁の深い中沼左京（一五七九頃〜一六五五頃）や海北友松《かいほうゆうしょう》（一五三三〜一六一五）がすでにこの頃から出入りしていたという。桂離宮の造営はさらに二十年後とされるが、和辻はその二十年間に起こった八条宮に関わりのある主な出来事――出雲のお国や浄瑠璃等に対して宮廷が幕府以上に援助したこと、宮中の女中の密通スキャンダルである宮女事件、さらに後水尾天皇の結婚をめぐって幕府との間に軋轢を生じた天皇の愛妾「およつ御寮人」をめぐる事件など――について詳しく触れ、以上の事件によって生じた対立と混乱の収拾に宮が一役買ったであろうことを述べている。そして様々な紆余曲折の末に秀忠の娘である和子が后として無事入内した元和六年六月十八日の『智仁親王御記』に触れ、そこに「下桂茶屋普請スル。度々客アリ」との記述があること、また宮の当時の書簡にも「下桂瓜畑のかろき茶屋」への言及があることから、その三四年後に桂離宮の第一次造営が行われたものと推定し、「われわれは以上のやうな八條宮の行跡のうちにこの庭園の製作と作者を見出し得るのではないかと思ふ」と結んでいる。

†第三回「借景の問題」

前回の連載の中でも庭園の問題が詳しく取り上げられていたが、この第三回の叙述もまた庭園から始められている。ここでの和辻の関心は、桂離宮の庭園の現在の形、すなわち「現形」がどの程度まで元の形、すなわち、第一次造営時の「原形」を留めているかを探ることにあると思われる。そのきっかけとなったのは、「鹿苑日録」の記述のようである。「桂離宮の第一次造営は元和六年の夏から寛永の初めへかけての数年間であったと思はれるが、この造営を指図された八條宮第一代の智仁親王が寛永六年に五十一歳で歿せられてから僅か二年後には、『無修補故荒廃甚』と鹿苑日録にあるそうである。」(同、一三六頁)

和辻はこの記述を誇張とは見ず、これよりさらに十数年後の第二次造営が始まるまでの間には、元の庭園が大きく姿を変えたであろうことを推測する。そして言う。

「況《いわ》んや第二次造営を経た後に更に三百年の年月を閲《けみ》しているこの庭が、最初の八條宮が作られた姿をどれほど保存してゐるかは、甚だ心もとない問題である。」（同前）

続けて和辻は、「もしその最初の姿が全然捕まらないものならば、八條宮の庭作りを語ることはまるで無意味のことになるであらう」とまで言う。

そこで「原形」探求の手がかりとして和辻がまず注目するのは、「庭の地割りと石組み」である。この二つは第二回の中でも言われていたように、刻々と色彩や大きさを変える草木とは異なり、「形を変えることがない」が故に、天災による被害がない限りは「元の姿を保存するのが通例である」とされる。したがって桂離宮の場合も、庭の主要部を非常に大きな池が占め、その廻りを石組みが固めているが、その石組みとそれによって輪郭づけられた池の形については、「八條宮の作られた構図を示してゐるであらうことは、まづ認めてよいらしい」としている。

ここで少し気になるのは「よいらしい」と、いささか頼りない表現が用いられていることであるが、実はこの第三回の叙述では、先の「鹿苑日録」に関する引用文の末尾にもあった「さうである」という表現など、間接話法的表現が目につく。このことは法隆寺におけるエンタシスへの言及と同様に、他の研究者の先行研究に乗っかって議論を進めていることを物語るが、こうした手法は後で見るように森蘊の批判を浴びることにもなる。

†和辻のパノラマ的叙述

さて池を「構図の核心」と定めた和辻は、それを元に推論する。すなわち、池を作るにはまず水が必要であることからすれば、桂川沿いの地が選ばれたのは当然であり、建物よりも何よりも「この池が庭の造営の最初に掘られたであらうといふ推測も、おのづから出てくる」のであり、その掘削の際に掘った土を盛り上げて、その上に古書院が築かれたのだろうとも言う。さらにこの推測をもとに、八條宮がかつて普請した「下桂の茶屋」も近衛信尋たちを招いた「瓜畑のかろき茶屋」も、まだ土壇が築かれていない頃のものであり、「今の古書院に引きあてるわけには行かない」と見る。そして前者については桂川沿いの瓜畑の中にあったもの、また後者については『桂御別業之記』にある「御幸門より北、池田の西、藪の内」との記述を引いて、「水の取り入れ口に近い場所」で池の掘削に始まる第一次造営の指揮をするにふさわしい場所にあったものと推測している。

続けて和辻はこの「瓜畑のかろき茶屋」に特に焦点を合わせ、八條宮の日記である『智仁親王御記』に、元和二年（一六一六）の六月二十七日に宮が連歌衆や乱舞衆とともに瓜見にこの地を訪れたとあるのをもとに、瓜畑を取り巻く風景、就中、瓜が実を結ぶ夏の風景を思い浮かべるべきことを強調する。和辻のパノラマ的叙述は、まず東北の比叡山に始まって南に連なる大文字山から東山連峰、次に西北にあって比叡山に対峙しつつ東に延びて高雄山から西山連峰に連なる東の愛宕山、さらには鷹ヶ峯から鞍馬に続く北側の山並み、愛宕山から嵐山に連なる西側の山並みへと、その山容相互の対照にまで及んでいる。そして言う。

「かういう風にそれぞれに趣の違った山並に取囲まれている京都盆地の風景が、この桂川の堤防では、最もよくまとまって見えるのである。」（同、一三八頁）

和辻はこの風景が「或意味で京都盆地の本質的な姿を示してゐるのではないかと思ふ」とするとともに、その姿の見え方が京都に入るアプローチの道筋によって異なること、「桂川畔のあの開豁な景色」が東海道ではなく「山陰道と密接に結びついた景色」であることを指摘する。そして「この眺望が新しく造営される庭園の中に取り込まれない筈はない」と結論する。しかしここで問題になるのは、このような庭園の「原形」と「現形」のズレである。

†「原形」に立ち戻る

和辻は、庭園の「原形」においては池に面した亭から四面の山が見晴らせ、その眺めが「天下の絶景」とまで称賛されているとの記述を『鹿苑日記』から引いた上で、「現形」を眼の前にする者にとっては「非常に意外な結論である」としている。その理由として挙げられるのは、「現在の庭園は、周囲を老樹に取り巻かれて、外界と完全に絶縁されたといふ印象を与へる」ことである。そして現在山の眺望を遮蔽している樹木の生長を八條宮が見通されていなかったのかどうか、あるいは後の人がその当初の構想に反して大樹に成長する樹を植えてしまったのかを問い、「これは八條宮の作品としての庭園を考へる上に、かなり重大な問題である」（二三九頁）と言う。そしてその準備作業として「一般に借景がどういふ運命を背負ってゐるかを、一通り省みて置かなくてはならぬ」として龍安寺の石庭や大徳寺眞珠庵の庭を例にとり、それら「借景を重要な契機としてゐた庭」の「現形」が「原形」に対して有する意義を論じている。が、ここではその部分は割愛し、和辻が桂離宮の「原形」に立ち戻った所から検討を続けることとしたい。

和辻は「八條宮が、瓜畑の眺望から出発してこの庭を作り始められた時に、この庭の中心的な姿はどんな風であったであらうか」と問い、まずは宮が源氏物語に着想を得たとの

「古くから行われている」説について検討した結果、「具体的に源氏物語のどこかの箇所と関係づけようとすると、どうもうまく行かないやうに見える」(一四二頁)として退けている。

次に和辻は源氏物語説に代わるものとして、古今集から着想を得たとする建築家の堀口捨己の説を取り上げ、「この見方は桂離宮の庭の中心的な姿を巧みに開明しているやうに思はれる」と賛同している。

そして堀口が古今集の序にある「高砂すみの江のまつ」に着目し、その「高砂の松」と「住吉の松」の位置を追跡することによって辿り着いた結論、すなわち「池をはさんで、互に見合ふ大きな松、その間に朱塗の大橋、これが昔、桂離宮の庭を、組み立てゝゐた最も著しい見所の中心であった」(同、一四四頁)との見解を「非常な卓見」と称賛している。(14)

そして和辻は、今はもうない二本の松の間に比叡山が望まれ、その下から水が流れ出ていたであろうことを推測し、それが「八條宮自身のねらひであったであらう」と結んでいる。

†第四回「加藤左馬助進上奥州白川石」

以上、我々は庭園の「原形」を和辻とともに探ってきたのであるが、建物についての検討に入る前に今しばらく和辻とともに庭を散策しなければならない。第三回においては離宮を取り巻く山々の眺望と、それを取り込んだ庭園内部からの眺望の両者が問題とされていたが、この第四回目の連載もまた、古書院の東に設けられた「竹の露台」からのそれについての記述をもって始められている。和辻は最初の眺めは次のようなものであったであろうと想像する。

「左手に池に臨んで住吉の松が聳え、池越しにそれに呼応するやうに、右手に高砂の松が見える。その丁度中間に、石垣の際立って感ぜられる低い岸が、力強く池の中へ突き出て来て居り、その渚には小さい松、その松の背後にはそてつ山がある。それはほんの少し小高いだけであって、その上の遠くの空には、比叡山のゆったりとした姿が見える。」(「印象記」第四回、一八六頁)

まるで二本の松と比叡山の姿が目の前に浮かぶような描写であるが、和辻は「これが多分、最初作られた時のこの庭の、最も人目をひく眺めであったのであらう」と言う。

そして露台から東北に位置する比叡山に向かって開かれた線を枢要な軸線と見なすとともに、東南の方は松琴亭によって閉じられていると見る。それから賞花亭や園林堂《おんりん》のある蓬萊島《ほうらいじま》に目を移し、月見の際に月とともにその眺めを構成したであろうことを推測している。次に和辻は宮殿の南側の「明朗な庭」に目を向け、「蹴鞠の場」や「直線的な馬場」

に言及しているが、これらのいずれもが第二次造営に属するのは疑いないとしている。とは言え、残土が南側の平地には全く盛られていないという事実から、そのような平面と直線を特徴とする庭の素地が八条宮によって作られた可能性を排除してはいない。

以上の検討から、和辻は「八条宮の最初の計画を幾分か捕へ得ると思はれるのは、池とその周辺、特に東北から東南へかけての池の周辺である」と述べ、「そこには初めの地割りがほぼそのまま残ってゐるらしい」としている。そして「八条宮の最初の計画は、庭の骨骼として今なほ厳存してゐるのであって、単なる想像に過ぎぬのではない」（同、一八七頁）と言い切っている。

さて、庭園の「原形」を追い求める和辻が地割りの次に手がかりとするのは、石組である。そして石組みの中心に位置するのが松琴亭であるとし、松琴亭がいつごろ建てられたのかを問題とする。松琴亭については連載第七回で詳しく論じられることになるが、古書院、中書院、新御殿（新書院）と並んで重視されている建物と言ってよいであろう。

その造営の時期をめぐって和辻は一般的見解――まず古書院が建てられ、それからそれほど間を置かずに中書院や古書院の御輿寄廻りとともに松琴亭も建設され、寛永二（一六二五）年には第一次造営が終ったとする見解――に異を唱え、寛永五（一六二八）年に「宮自身が松琴亭やその周囲の石組の指図をされたとしても、少しも無理なことはない」としている。それに続けて小堀遠州の影響の有無について、『桂御別業之記』と生島家本『桂別業之事』の二つの写本を参照して検討しているが、ここでは省略して、奥州白川石についての和辻の推理を見ることとしたい。

†石組へのまなざし

和辻がこの石を取り上げる理由は、寛永二年にではなく寛永四、五年頃に松琴亭廻りの石組みを宮が作られたのではないかという推測の根拠になると見るからである。問題の石は「小堀宗甫のながれ手水」の近くにかかっている石橋である。その寸法は「長さ三間八寸、幅二尺余、厚さ一尺」で、言い伝えによれば「奥州白川石、加藤左馬助進上」とされるが、和辻は「もしこれが信ずべきであるならば、そこからこの石橋の出来た年代を、寛永四五年の頃と推定することが出来るのである」と主張する。

加藤左馬助嘉明（一五六三〜一六三一）は虎退治で有名な加藤清正と同じく、賤ヶ岳七本槍の一人であり、また朝鮮でも戦った経歴から紛らわしいが、別人である。和辻は嘉明が関ヶ原で東軍に味方したこと等を挙げた上で、その功を評価されて寛永四（一六二七）年に会津四十万石に転封されたが四年後の寛永八（一六三一）年に世を去ったとしている。

そこから和辻はこの奥州産の石――と和辻は信じ込んでいるのだが――を進上したのは、

その石を手に入れることが可能になった寛永四年以降で没した寛永八年までの間に違いないと推理し、八条宮に進上したとすればその生存中、つまり宮が没する寛永六（一六二九）年よりも前でなければならないとする。然るに、宮が亡くなられる時点ですでに石が庭の然るべき場所に然るべき姿で納まっていたとすれば、運び込まれたのは転封された四年から五年の間ということにならざるを得ないが[15]、和辻はさらに一歩進めて、「多分左馬助は、会津に転封された寛永四年の冬にこの石を運ばせ、寛永五年の春に桂離宮へ差出したであらう、といふ点まで推測すること出来るのである」（同、一九一頁）と断定する。しかし、実は先で見るように、この和辻の自信たっぷりの推定は、太田博太郎の指摘によって根底から揺さぶられることになる。

奥州白川石（池の水替えのため、枯山水風だが。筆者撮影）

それにしても、そもそもどうして左馬助はこの石を八条宮に進上しようという気になったのか——この疑問に対して和辻は、両者が親しい間柄にあったからだと推測している。とすれば、どのようにして二人が親しくなったのかという疑問が次に湧いてくるが、この点に関して和辻は、両者と交際があったと思われる藤堂高虎が二人の間を取り持ったのではないかと推測している。ただし、この推測は「さうである」「やうに見える」「ありさうなことである」といった伝聞と蓋然性に基づくものであって、直接的な文献資料に基づくものではない。

このように、問題の石がどのような経緯で桂離宮に持ち込まれるに至ったのかについては確たる証拠はないのであるが、その経緯についての推測に続けて和辻は石そのものの形状に目を向け、「ところで問題は、この石の大きさよりもむしろ形なのである」と言う。

和辻は藤堂高虎や加藤左馬助などの秀吉子飼いの武将たちが「大きいことや力強いことを好んだやうに思われる」としながらも、この進上された石については「大きいとか力強いとかという印象を与えるかといふと、決してそうではないのである」と言う。その印象は「とにかく引緊って、かっちりとしてゐて、余計な重さなどは持ってゐない感じ」であり、その印象の拠って来たるところを「あの、直線だけで出来てゐる、簡単な形」に求めている。

そして「特に長さと幅や厚みとの間の比例が、重大な意味を持ってゐるのであらう」とした上で、その「長さと幅と厚みとの寸法」を誰が指定したのかを問い、八條宮が左馬助に寸法を注文した可能性もあるとしているが、この点については「何とも云へないことである」として断定することは避けている。

†天然の風化

　ここでこの石との関連でもう一つ問題になるのは、この石の橋が架けられた両岸廻りの石組である。これらの石組が橋より前に組まれたのか、それとも同時になのかについては「何とも云へない問題」としつつ、和辻はその石組と石橋の形の調和に注目する。
「それ（石組）はいづれの側においても、この直線的な橋の形と調和するやうに、直線的な、角張った輪郭の線、或は真直な平面が、どこかに目立つやうに現はれた石を使ってゐる。」（一九三頁）
　和辻はこのような形が人の手によるものではなく、天然の風化が造り出した偶然の所産であることを強調し、「だからどれほど直線的に見える輪郭が現はれてゐても、意識的に作り出した平行線で構成されてゐる石の橋とは、質の上で全然違ったものである」と言う。しかしここでのポイントは、まさに天然の形であるが故にこそ「ちゃんと調子が合っている」ことである。
「さうして見ると、ここに質の違った両種の石、人工的な切り石である石の橋と自然的な割れ石である角張った石とが並べられてゐるのは、反ってこの胸を打つやうな美しい調和を作り出す所以となってゐるのである。」（一九四頁）

続けて和辻は石の使い方についての堀口捨己の言葉を引く。

「この渚近くは、石組が最も古い仕方で、立石使ひが多い。ここはこの庭の中で最も荒々しい表はれがある所である(16)」。そして「いかにもその通り」としているが、この四回目の連載の結びはいかにも和辻らしい言葉で締めくくっている。少し長くなるが、段落全体を引用する。

「この二つの形のからみ合ひは、或意味ではこの庭の石組全体を支配し、更に建物と庭との微妙な調和の基礎となってゐるといってよいものである。規則的な形は、平行直線とか左右均斉とかといふやうな点を強調して行けば、西洋風な形式感覚を示すと考へられるものになって行く。自然石の不規則な形は、気韻とか気合とかと呼ばれてゐるやうな東洋風の形式感覚を示すと云へぬでもない。とすれば、こゝには図らずも西洋風の形式感覚と東洋風の形式感覚とが出合って、不即不離の統一を形成したことになる。桂離宮の庭や建物の美しさの非常に新鮮な感じは、この統一の不即不離なところから来るのかも知れない。」

(同、一九五頁)

†第五回「古書院とその改造の問題」

これまでは庭園の「原形」の探索が中心であったが、この第五回においては、前回の奥州白川石の橋とあまり遠くないところに架けられたもう一つの「人工的な切石の橋」を切り口としつつも、和辻はその考察の比重を建物にシフトさせている。この橋は池の中の松琴亭の前の部分に作られた二つの小島――「天の橋立」と呼ばれる――を繋ぐものであるが、和辻が注目するのはその外形線、輪郭である。和辻はこちらの橋の輪郭は「直線的ではなくして、ゆるい曲線をなして反ってゐる」こと、そしてその故に直線的な白川石の橋ほど目立たないことを指摘した上で、そのような作りが庭にとって持つ意味を問題とする。

天の橋立と松琴亭（筆者撮影）

そして「この問題に答へるためには、われわれはどうしても建築を引合ひに出さなくてはならなくなる。何故なら、この橋を古書院や松琴亭の姿と共に眺めれば、右の問はおのづから氷解してくるからである」（「印象記・五」二五五頁）と言う。和辻によれば、その眺めで重要なのは、古書院の池に面した側の姿である。

「その姿がこの石の反り橋と無関係でないことは、一目で解るのである。といふのは、その古書院の主要な形として目に入ってくるのは、いろ〳〵な大きさに配分された白い壁や、それを区切りつゝ立っている多くの柱を、上から押へてゐる入母屋造の屋根の形なのであるが、その屋根は大きい破風を池の方に向け、その下をゆったりとした軒で受けたものであって、そこに最も目立ってゐる破風の輪郭の大屋根の線や、それを下で受けてゐる軒端の線が、ほかならぬ彎曲線で出来てゐるのである。」（同、二五五～二五六頁）

和辻は「勿論、彎曲と云っても極めて幽かなものである」と付け加えているが、「しかしそれでも直線の感じはすっかり脱却してゐる」として、あくまでも奥州白川石の直線とのコントラストを強調している。そして松琴亭をこちらの石橋と共に眺めた時にも、石橋の反り具合が松琴亭の屋根の反りと同じように見えると言い、このような石橋と古書院と松琴亭の屋根の曲線の呼応との対比において白川石の橋が「実際異質的に感ぜられる」のであり、まさにその故に「著しく目立つのでもある」と述べている。また今は失われた「朱塗欄干の大橋」――それはそてつ山の東の渚と松琴亭の前を結んでいたと言われる――も木の橋として上へ反っていたと考えられることから、それが石橋に反映した可能性にも触れている。

以上の検討を踏まえて、和辻は桂離宮を巡る主要な争点の一つである造営時期の問題に踏み込み、まずは第一次造営時期を二つに区分する。すなわち、「以上の見当が当ってゐるとすると、前に加藤左馬助進上の直線的な石橋を寛永四五年頃のものと推定したことと照らし合はせて、桂離宮の第一次造営を前後の二つの時期に区別することが出来さうになってくる」のであり、「桂離宮の第一次造営は、天の橋立の石の反り橋を指標とする前半と、白川石の直線的な橋を指標とする後半とに、区別され得るといふことになる」とする。そして「現在の桂離宮の姿が、この後半の造営と非常に深い連関を持ってゐるということも、おのづから明かになってくるであらう」（二五六頁）と言う。

†古書院

これは第一次造営の後半と離宮の「現形」の結びつきを強調するものであるが、それでは前半はどのような繋がりをもつのであろうか。この文脈でまず取り上げられるのは、古書院である。和辻は言う。

「さてこの石の反り橋を指標として、第一次造営の前半を捕へようとすると、先づ、前にあげたように、古書院が問題になってくる。」（同、二五七頁）

和辻は古書院が最初に建てられた最も古い建物であることにあまり異論はないようだとした上で、この古書院の造りの特徴について説明する。まず注目するのは正面の立面を構成する屋根とその下に見える雨戸・障子・小壁である。

「これ（古書院）は池に向って大きな入母屋を見せた入母屋造りであって、破風の輪郭をなす大屋根の彎曲や、下でそれを受けてゐる軒端の線のかすかな跳ね上りなどが、非常によく利いてゐる。その屋根の下には、一間幅の濡縁の奥に雨戸と障子とが立って居り、その上に三尺以上ありさうな大きい小壁が、柱に区切られて、白い方形や矩形になって並んでゐる。」(同前)

そしてこの立面の構成が他の二つの書院と趣を異にすることを強調する。すなわち、「これは小壁を全然見せない中書院の軒先や、小壁を見せはするがそれが横に細長い矩形になっている新書院の軒先などに比べて、非常に感じの異なる点である」とし、その理由を次のように説明する。

「一つは古書院の雨戸や障子が一間の濡縁の奥にあり、随ってその上の小壁が軒からずっと引込んでゐるのに対して、中書院や新書院の外障子が廊下の外にあり、随って外障子の上の小壁が軒へずっと近くなってゐることにもよるであらう。」(同前)

この故に「中書院や新書院の見せている外障子の白い平面の美しさや軒下の小壁の白い直線の美しさ」が古書院の池に面した立面には全く欠けているとしながらも、角度を変えて中書院の側から見た南立面には若干そうした美しさ——「白い平面の美しさ」——が認められることを付け加えている。

ここにおいても、唐招提寺、法隆寺、ヴァチカンなどの考察で採用されたパースペクティヴの転換を旨とする「動的鑑賞法」がさりげなく活かされていると見ることができるかもしれない。また御輿寄の姿についても、「直線的なものの平面的なものの美しさを満喫させるもの」と称賛している。

とは言うものの、和辻は南立面や御輿寄に見られる姿が「古書院の最初の姿であったかどうかは、難かしい問題」だとして、そのような美を欠いた「池に面した古書院の姿」が「最初の姿」であったとすれば、むしろ「石の反り橋」――それは彎曲線を特徴とするものであった――を指標とすべきことを説くのである。しかし、このような見方をとることは、「古書院が最初独立して建てられ、中書院や古書院の御輿寄などは後の建て増しであると認めるに等しい」のであり、ここに和辻もまた三つの書院の建築時期の相対年代をめぐる論争に加わることになる。

†「古書院独立先行説」の妥当性

そこで和辻は、自説――それは「古書院独立先行説」とも言うべきものである――とは見解を異にする藤島亥治《がいぢ》郎《ろう》の説――こちらは「古書院・中書院一体説」とも言うべきものである――を紹介・批評した上で、自説と同じ立場を取る堀口捨己の説を援用している。

まず藤島説については、古書院独立先行説を否定する三つの論拠を要約している。少し分かりやすくその三つの論拠を言い換えると、①古書院の規模から見て、御輿寄が大き過ぎる、②池の側からの眺めが単純すぎ、中書院無しでは格好がつかない、③間取りから見ても中書院がつかないと極めて不都合である、となる。

したがって、古書院だけが独立して建っていたとは考えられず、中書院のみならず楽器の間も最初から一続きであったはず、つまり「古書院は表座敷、中書院は寝間その他内向きの部分であって、両者合して一つの全体をなしたのであらう」というのが藤島の主張[17]であるとしている（同、二五八頁）。

これに対して和辻は共鳴する点はあるとしつつも、御輿寄が中書院と合わせて建て増しされた可能性や、池からの単純な眺めに「離宮の建物の原始的な姿」をみることも可能であることを指摘するとともに、当時逼迫していたと言われる財政事情に鑑みても二つの書院が同時に建てられた可能性は低いと見積もっている。ただし、藤島説を全面的に否定するのではなく、構想の上では同時着工という藤島説もあり得たかもしれないとしている。とは言いながら、「事実上では、何年か後に、建て増しとして実現されたといふことになる」のであり、「その実現の際に、同じ人の同じ時の思ひつきとはどうしても考へられないほどの、異なった意匠が、附加されることにもなったのであろう」と述べている。最後の意匠の際立った違いについての言及は、次に紹介される堀口捨己によって強調されている点に他ならない。

和辻は「同じ専門家の中に、古書院の独立存在、中書院以下の建て増しの説を、依然として支持する人もある」として、堀口の名前を挙げている。そして両書院の間にある歴然とした「手法の相違」があるとする堀口の見解について、柱や小壁の造りの違いなどの細部にわたって具体的に紹介している。すなわち、堀口の見解によれば、古書院が「角柱で、一部面とりの杉材」を使っているのに対して中書院は「杉面皮《めんかは》柱」であり、また前者が「軒先に小壁を大きく見せる造り」であるのに対して、後者は「軒の所に小壁を見せない造り」であることが指摘され、とても「同じ時の同じ人の作とは思えない」とされる。逆に中書院を建て増しと見なす証拠として、「古書院御輿寄の丸太の軒桁や、それを支へる柱」や古書院と中書院の接合の仕方が挙げられる[18]。

以上から和辻は、「たとひ僅かな間であっても、古書院が独立して存在してゐた時期はあったことになる」と結論し、その結論へと導いてくれる堀口説を「わたくしにとっては誠に誂え向きの説なのである」としている。そして「わたくしは安んじて、白川石の直線的な橋を指標とする第一次造営後半部分として、中書院や、古書院の御輿寄などを、取りあげることが出来る」と言って、自分の区分の正しさを再確認している。

†御輿寄の直線の美

続けて和辻は御輿寄の側、すなわち古書院の北側の姿に目を向ける。ここでも入母屋作りの大屋根の湾曲線に言及されるが、むしろ和辻が注目するのはこの側面が持つ「池の側と異なった条件」である。ここで抜ける新たなパースペクティヴが視界にもたらすのは、「池に向いた側面には全然見えてゐない棟の直線」である。それは端部を除いて「長い直線」であり、また「軒の直線」もずっと長く見える結果、両者相俟って大きな平行線を形成するに至る。それによって大屋根全体や入母屋の湾曲線の印象が抑えられ、「直線的なものがそれに釣合ってゐる」印象を与えるとしている。

そしてこの均衡を破り、直線の優位をもたらすものとして、御輿寄の庇と雨樋の直線が挙げられている。庇は大屋根の軒の線と、雨樋は軒の線と平行線を形成するのであり、「かうなれば直線的なものの方が優勢にならざるを得ないであらう」と和辻は言う。

この直線の優位は、沓脱石の側面や小石敷の下の石段にまで及ぶとされる。この庇から石段に至る横の直線群に比較すると、「その間に挟まってゐる玄関の戸障子の縦の直線は、いかにも弱過ぎるやうに感じられる」のであるが、それを補う役目を果たしているものとして「御輿寄の左の塀」を挙げている。それは「ただ垂直に立ってゐる平面を簡単に途中で切って高さに段をつけただけのものであるが、しかし平面の美しさをこれほど強く感じさせるものは、あまり多くはないであらう」（同、二六一頁）と、和辻は高く評価している。

他方、和辻はこの塀が庭との間仕切りとしての意味を持つことを指摘し、中門と御輿寄の間の坪庭とその敷石道に注目する。この「真直に走ってゐる直線的な敷石道」の敷石は、矩形と梯形《ていけい》が半ば以上を占めるが大きさが大小様々なために「案外に不規則的な感じを与える」とされる。そしてこの敷石道周りに凝らされた手の込んだ趣向の数々に言及した上で、壺庭も含めた御輿寄全体の意匠について次のように述べている。

御輿寄（筆者撮影）

「この御輿寄の形成は、直線的なものや平面的なものを際立たせ、それらの間の微妙な釣合ひによって美しさを作り出すといふ構想によって導かれたものだといへる。」（同、二六二頁）

と同時に和辻は、「御輿寄前の坪庭の美しさには、もう一つ重要な要素が加はっている」として、杉苔が美の創出に果たしている役割に注目している。杉苔がもたらす効果を和辻は次の二点にまとめている。すなわち、その第一は

「苔の緑の色で石の白っぽい色が引立ってくる」ということであり、第二は「苔の生え揃った表面の、ふく〳〵として柔かい、微妙な起伏のある感じが、石の堅さと非常によい対照をなしてゐる」ことである。そして以上の色と触感のコントラストから「その上に散らしてある方形の切石や、その上を真直に走ってゐる敷石道などの、直線的な輪郭が、非常に際立った、鮮やかな印象を与へるのである」としている。

和辻はまた、この庭の石に関して古来伝わる「真の飛石」という呼称がどの石のことを指すのかを問題にする。従来、それは「中門から御輿寄前へ斜に走ってゐる敷石道」を指すと考えられてきたが、和辻によれば、それはあくまでも隙間なく敷き詰めた「敷石」であって「飛石」ではないこと、「真の飛石とは杉苔の中に散らしてある方形の切石を指す」ことは明白であるとしている。そしてこの「真の飛石」のみならず御輿寄の「沓脱石」をも「遠州好み」に結びつけようとする見方があることを紹介した上で、「遠州に帰する根拠は何もない」として退けている。ここにも、先に和辻の桂論の第二の特色として挙げた、遠州作者説を排除する姿勢が認められる。

†第六回「平面的なもの直線的なものの美しさ」

前回のポイントは、古書院と中書院の関係、つまり両者は同時に同じ構想の下に建てられたのか、それとも古書院が先に独立して建てられ、その後に中書院や御輿寄などが建て増しもしくは増設されたのかをめぐるものであった。和辻自身は一体と見る藤島説を排し、両者の間の手法の相違を強調する堀口捨己の説に同意して古書院独立先行説を採っていた。そしてこの第六回目の連載においても、古書院と中書院の立面の構成の対比から始めている。

まず指摘されるのは、縁側と床下の扱い方の違いである。すなわち、古書院の縁側は濡縁であり、雨戸が縁側の外にではなく内についているために「戸障子は非常に奥へ引込んだ感じになる」のに対して、中書院は濡縁ではなく畳廊下にし、その外側に雨戸や障子を設置しているため雨戸を戸袋にしまうことができるので、「古書院と違って、昼間は雨戸を見せず、外障子だけでひろびろと軒下を充たすことが出来る」としている。

そして「この姿が、古書院に対して中書院の最も著しく異なってゐる点なのである」と言う。ここに明確に現われている「古書院に見られなかった一つの傾向」とはすなわち、「平面的なものや直線的なものの美しさを際立たせるといふこと」に他ならず、古書院では奥に引込んでいる障子とは対照的に「外へ押し出してゐる外障子」が、まさに「平面的なものや直線的なものの美しさを、外へ押し出してゐることになる」のである。

このように、「中書院は、戸障子の建て方や床下の取扱ひ方において、古書院と丁度逆に出てゐる」のであるが、それが全て「平面的なものや直線的なものの美しさを際立たせるといふ仕事をしてゐる」と和辻は見る。さらにこの特色は建物自体に止まらず、軒下廻りの石の配置や形など建物の周囲にまで及んでいることを和辻は指摘し、特に「軒端の丁度真下に濡縁と平行して走っている雨落溝」と「雨落溝の外側の、一面に杉苔の生ひ茂ってゐる中を、雨落溝と平行して一直線に走ってゐる細い小石の列」を挙げている。そしてこれらが成す直線がもたらす美的効果について詳述しているが、その説明は割愛し、間取りから見た古書院と中書院の関係についての和辻の考察を見ることとしたい。

†濡縁と露台

まず和辻が注目するのは、古書院東北端に設けられた濡縁と露台と、中書院の西南のはずれに作られた濡縁の対応である。しかしその規模は違って、古書院のそれが「相当に広く、客なども大勢出来るほど」であるのに対して、中書院の濡縁は一間幅で腰掛けが作りつけられているものの、それは二三人の内輪の人間か多くとも二人程度の客用だろうとされる。そして腰掛けの背後が一坪の「楽器の間」になっており、さらにその裏に便所や湯殿が設けられていることから、和辻は「中書院で寝起きする人々にとっては、この楽器の間の部分（即ち、実質的には便所や湯殿を含んだ部分）までゞ、とにかく一揃への住宅としての用を便ずることになるわけである」としている。

　このように用途の違いから古書院と中書院の間取りの違いを説明する仕方で思い起されるのは、先に退けられた藤島説である。和辻の説明によれば、藤島は同時一体説の根拠の第三として「間取りの点でも中書院がつかないと非常に工合の悪いことになる」とし、両書院の造りの違いが「表座敷と寐間その他内向きの部分といふような用途の別から出てくること」を説いているとされていた（「印象記・五」二五八頁参照）。

　和辻自身も、「古書院の竹の露台と、楽器の間外の濡縁とは、月見の晩に客をする場所と、湯上りにくつろぐ場所といふような区別を感じさせる」と述べているが、ここではそれは両書院の差異であるよりも、「一連の建物を一つのまとまりにまとめあげてゐる」ものとされる。これに続けて「間取りの点からして、右のように、中書院建て増しの際の建築家の統一的な構想を推測し得るとすれば、前に問題とした古書院と中書院との周辺の、石の敷き方に見られる直線的構成であるとか、それと共に眼に入ってくる書院の姿であるとか、においても、同じやうに一つの統一的な構想を見出すことが出来はしないであらうか」と和辻は問いかけているが、ここに至って、和辻の見方と藤島説の距離は縮まっているように思える。しかし、両者の説の関係については、先で和辻の著作を取り上げるときに改めて検討することとしよう。

第六回の残りの部分では和辻は再び庭に目を転じ、いま一度平面と直線が織りなす美の描写と分析を行なっている。そして最後にそのような古書院と中書院を「一つの美しいまとまり」に結晶させるに至った統一的な構想があくまでも八條宮に由来するものであることを強調して、六回目の連載を終えている。

†第七回「松琴亭について」

今回の連載では、前回展開した第一次造営の後半に関する仮説に冒頭で言及した上で、白川石の橋を渡った向こうにある松琴亭の建築についての考察を始めている。はたして建てられた時期が中書院建て増しと同じなのか、それとも古書院と同時期なのかを問題としているが、それは和辻の区分で言えば、第一次造営の後半に建てられたと見るか、前半に建てられたと見るかという問になる。

そこでまず、前半に建てられたと見る見方に有利な論拠として挙げられるのが、その後失われたものの当初はあったと伝えられる朱塗欄干の橋である。それは池の北側の蘇鉄山の麓から右手の向こう岸まで架けられ、その長さは十間を超えていたはずだと和辻は考え、その橋の色と長さから橋が人々に強い印象を与えたものと想像されることから推して、その橋を渡った向こう側に何もないということは「一寸考へられないこと」だと言う。そして

「さうなるとどうしても、橋の向ふの松樹に覆はれた丘の麓に、すでに松琴亭が建てられてゐたことを、推測せざるを得ない」（「印象記・七」二三五頁）と結論している。

そしてもしその推測が正しければ、「池に臨んで古書院が建てられ、その入母屋の屋根の線と呼応するかのやうに天の橋立に石の反り橋が架けられた頃に、即ち第一次造営の前半に、建てられてゐたのだといふことになる」と推論している。以下、和辻はこの推論の妥当性を「松琴亭の与える印象自身」に照らして吟味するのであるが、その吟味の方法はここでも「動的鑑賞法」すなわちパースペクティヴの転換によって見えてくる多様な相貌の比較である。しかし和辻の叙述は現在進行形で進められ、加えて議論が細部にわたって必ずしも見通しが良いとは言えないので、太田の言う「推理小説を読むような面白さ」[19]を減じることになるかもしれないが、あらかじめ結論を要約しておくこととしたい。

三書院遠景（筆者撮影）

†古書院・中書院との比較

「動的鑑賞法」に則して取り上げられるのは、①北（西）面（側面）、②西（南）面、③東（北）面であるが、その比較から導きだされる結論は、①は古書院と同質的、②は中書院と同質的、③は②と異なりつつも基本は同じ、というものである。

そこで改めて①に戻ると、これは対岸の蘇鉄山の麓の滝口からの水が池に注ぐあたりから遠望した松琴亭の北（西）面の姿である。この面について和辻は「たとひ北（西）側であっても、それが松琴亭の正面であることは疑ひがなからう」と言って、重視している。

そして正面に見える松琴亭の「田舎屋風の茅葺の大きい屋根」の外形線を取りあげ、その彎曲がどんなに僅かではあっても「それが直線ではなくして彎曲線であるといふことは、非常にはっきりと印象される」と述べ、その「印象」が改めて直線であることを強調している。そしてこの印象を元に、同様に入母屋の屋根が「それが僅かな彎曲であるにかゝはらず非常に強い印象を与へてゐるあの古書院と同じ時の造営だと考へても、あまり無理だとは思へないのである」（同、二三六頁）としている。

これは屋根が与える印象の比較に止まるが、続けて和辻は同じことが松琴亭の周囲の石組や建築の細部についても当てはまるかどうかを検討する。そこで和辻は、かつて存在した朱塗欄干の橋を渡って松琴亭に接近するものと想像する。その想像上のアプローチの先、橋を渡りきったところでまず見えてくるのは「夜の面」と呼ばれる芝庭であるが、その手前の渚の飛石や石組の感じは古書院軒下のそれに似ているとし、古書院と松琴亭の印象を同質的とする立場には有利な材料と見ている。

しかし橋を渡り切って、さらに松琴亭に近づこうとすると、この様相は一変すると言う。すなわち、松琴亭から斜に延びて来ている「飛石道」並びにその縁取りとして並べられている小石の列や、松琴亭正面の「土庇のはずれの仕切り」はいずれも直線を形成し、「支配的になってゐる」のである。そして「直線の効果をねらった意匠」は石の配列に留まらず、松琴亭の建築にも及んでいるとされる。

松琴亭東（北）面（筆者撮影）

特に②の西（南）面を池越しに正面から眺めた場合、舟着場の切石の直線に始まってその上の屋根や壁や建具などの交錯した姿は、「全く直線的なものと平面的なものとだけで出来てゐる美しさ」（同、二三九頁）を感じさせるとし、それを「しゃれた姿」とも表現している。そしてその美しい側面の姿を微に入り細に入り描写した上で、次のように結論している。少し長くなるが引用する。

「以上のやうに見てくると、松琴亭の西（南）側面の姿は、正面の姿からは全然予想し得られなかったほどに、直線的なもの平面的なものの美しさを活かしてゐるのである。さうなると松琴亭の土庇の端の直線的な仕切りは、同じ感覚を示してゐるのであって、一向驚くに当らない。つまり松琴亭には、古書院と調子の合っている層と、中書院と同じ感覚に基いてゐる層と、少くとも二つの層が重なり合っているのである。もし松琴亭の最初の姿が、天の橋立の石の反り橋や古書院の入母屋と同じ時に作られたとすれば、この松琴亭の側面の姿や、土庇の仕切り線などは、中書院と同じ頃の改造を示すのであるかも知れない。」（同、二四〇〜二四一頁）

では③の東（北）面はどうか。ここで叙述の中心を占めるのは、②の西（南）側との比較である。まず指摘されるのは屋根の形状の違いである。すなわち、③においては「松琴亭の茅葺大屋根の向って左の端の入母屋の妻が、丁度正面に、大きく口をあけてゐる」のであるが、②において「屋根の形を支配してゐるのは、この入母屋の妻の三角形ではなくして、その三角形の右の肩から右の方へ真直ぐにのびている別棟の直線であって、屋根はその直線から流れ下りた斜面に見える」（同、二四一頁）とされる。

他方、③では「さういふ別棟が分れ出て居らず、入母屋の妻の三角形のみが上にあって支配的な位置を占め、屋根はその三角形を下方へ押し広げた斜面として、一層大きい三角形を形成してゐる」が故に、②においては「軒の直線は棟の直線の平行線としての特殊の機能を発揮してゐた」のに対して、「それ（軒の直線）は大きい三角形の底辺として、その下に鴨居や敷居のやうな横の直線よりも、むしろ太い柱や板戸などの縦の直線を要求している」とされる。その違いは、「これが同じ建物の両面であるとは、到底思へないほど」であるという。

†一層甚だしい相違

和辻の観察の細かさに改めて驚かされるが、さらに和辻は建物の後ろの部分に見られる「一層甚だしい相違」について述べる。すなわち、「屋根に関する限りでは、単純に三角形にしてしまった東（北）面の方が、ずっと簡単な形になってゐるとゐへるであらうが、後側へのびた部分では、西（南）面が極めて単純にただ斜めの屋根と一面の壁とだけであるのに対して、東（北）面はずっと複雑な形になってゐるのである」として、以下、その「複雑な形」についての詳しい説明を加えている。和辻は、「東面の姿は、著しく西面と異なってゐる」としながらも、「それが直線的なものや平面的なものの美しさを生かせようとする意図の下に作られてゐるといふ点においては、全然同じなのである」と見ている。そして前出の白川石が東面と調子を合わせるかのように「顕著に直線的であること」から、両者の背後に「同じ一つの意図」の存在を想定している。

とは言うものの、他方において「松琴亭の正面の姿が古書院の池に面した姿と調子の合ふものであることも、無視することの出来ない重要な事実」であることから、「松琴亭に関してはこの両面を共に生かせ得るような考え方をしなくてはならないであらう」と言う。それは、「松琴亭もまた、古書院や中書院と同じやうに、少くとも二度に亘って作られたと認めること」（同、二四二頁）に他ならない。

市松模様の襖（筆者撮影）

つまり、最初の段階として古書院や朱塗欄干の橋と一緒に「田舎家らしい、ゆったりとした感じ」で建てられ、その後に今度は中書院や御輿寄などが建て増しされた時に同様に増築されたと和辻は見るのである。そして小堀遠州と義兄弟の関係にあった中沼左京が普請に関わったことから見て「遠州好みの手法」がその作りに間接的に現われているとしても、建築や庭園全体の意匠は、あくまでも八條宮に由来するものであることをここでも強調している。

以上、我々は直線的なものと平面的なものの対照を基軸とする松琴亭についての考察を見てきたのであるが、一つだけないものねだりをすれば、有名な市松模様の襖についての言及がないことであろうか。その藍と白の斬新な対比は、色彩の対照の妙の極致として、直線的なものと平面的なものの対照に劣らず、松琴亭の美を形成しているように筆者には思われるのである。

†第八回「桂離宮の完成」

連載最終回にあたる今回の論述の中心は、八條宮没後に息子の智忠《としただ》親王によって行われた第二次造営と新御殿にある。前半では森蘊の文献に依拠しながら、妹御の梅宮の存在に言及している。梅宮は本願寺十三代の良如光円に嫁いだが、本願寺の財力は宮家のそれを遥かに凌ぎ、絢爛豪華な聚楽第の遺構飛雲閣を移築したり、伏見城の遺構を本願寺の書院としたとされる。和辻は「桂の建築の簡素さの方が、右のやうな絢爛豪華よりも、反って美しい」としているが、それよりも「桃山時代の代表的な建築を引きうけた本願寺が、濃厚な普請の気分に取り巻かれてゐたことは、疑ひがない」ことを強調している。

和辻はそのような雰囲気の中で、梅宮が兄である智忠親王を普請の見物に誘っていることに触れ、その見物の模様を記した文書に、「杉戸」はまだ完成していないものの「門の礎」の工事を見るだけでも訪れる価値があると言って進めている点に注目している。そしてこの梅宮の言葉を「建築について相当に深い理解のあることを前提とした言ひ分である」とし、同様の理解が兄君にも共有されていたものと見て、そこに八條宮妃を介しての

「八條宮の創造的意志」の継承を見るのである。

とは言え、精神の継承も財政的裏付けがなければ具現化することは難しい。この点に関して和辻は、寛永十九(一六四二)年秋に行われた智忠親王と加賀の前田利常の息女富姫の縁組みを大きな転機と見ている。利常の妻は家光の兄妹であり、そこからこの婚姻を機として、将軍家と前田家の両方から「相当に手厚い後援」があったであろうこと――特に前田家からの援助はかなり長期にわたっていたらしいとされる――を推測している。またそれに応じて、「桂離宮がほゞ現存の姿にまとまり上る工事」としての第二次造営は「右の婚儀の後間もなく始められたと思われる」としている。最終的な完成はさらに十六年後の第三次造営によってもたらされることになるとしつつも、和辻自身は第三次造営で新たに付け加えられたのは、御幸門、御幸道、笑意軒や桂棚などであって、「桂離宮の庭園や建築の骨格に影響するほどのものではない」として、それほど重要視していない。

†芸術的作品としての姿

和辻によれば、桂離宮の「芸術的作品としての姿」が整ったのは第二次造営によってである。その普請の中核を成すのは中書院楽器の間の先に建て増しされた新御殿であるが、「新御殿は古書院や中書院と相寄って現在の桂離宮建築の比類のない美しさを形成してゐるのであるから、これによって桂離宮の建築が完成したといふことは、決して過言ではない」（「印象記・八」一八九頁）のである。庭園に関しては、外腰掛や中立の腰掛けが作られたとされるが、これまた「あの広い庭を茶亭の露地としてまとめ上げたもの」として、同様に完成に寄与したと評価している。

続けて和辻は森蘊によって発表された初代八條宮妃の手紙を再度援用して、第二次造営を実施したのが二代目八條宮であることは明らかとしつつも、八條宮妃を介してそこにも初代の「思し召すままの御普請」の構想が生き続けていることを強調している。このあたりにも和辻の初代八條宮贔屓が如実に現われていると言えそうであるが、和辻はさらに初代に対する賛辞を重ねている。少し長くなるが、まとめて引用すれば以下の通りである。

「桂離宮の建築の美しさは、古書院・中書院・新御殿の三つの棟が、鉤の手に折れ曲って続いてゐる姿を以て絶頂とする。古書院の方から眺めても、新御殿の方から眺めても、また中書院から眺め分けても、この姿はそれ〳〵に胸を打つやうな美しさを発揮している。随って、桂離宮の美しさにとっては、新御殿の存在は欠くことが出来ないのである。それだけに、新御殿を建て増した第二次造営の技術家は、大きい尊敬を以て遇せられなくてはなるまい。然るにこの建て増しの構想が、実は中書院建て増しの構想の連続、或はその発展だといふことになれば、この桂離宮の造営を貫いて支配してゐる初代八條宮の創造的意

志の底力の強さに驚かざるを得ないのである。」（同、一九〇〜一九一頁）

八條宮に対する傾倒ぶりが最大限に現われた一文であるが、と同時に、これまでにも見た和辻の建物鑑賞法――パースペクティヴの意識的転換を基本とする鑑賞法――がよく現われた文章でもある。

†新御殿と両書院の異同

さて新御殿がそれに先だって建てられた古書院・中書院の連続もしくは発展だとして、次に問題になるのは、新御殿とそれら両書院の造りとの異同であろう。その異同を論ずる前に、和辻は古書院と中書院の違いを復習しているが、その核心は中書院が古書院の「逆に出ている」という点にある。すなわち、縁の下に関しては古書院が凸であるのに対し、中書院は凹、つまり、前者が「縁側の外端に白壁を立てゝ縁の下を全然見せていない」のに対して、後者は「縁の下を吹き抜けとし、縁の幅だけ引込んでその奥に白壁や割竹の連子を立ててゐる」のである。他方、縁の上では下とは逆に、古書院が凹で中書院が凸だとされる。つまり、前者の戸障子は「縁側の幅だけ奥へ引込み、その引込んだ戸障子の上部に白い小壁をつけてゐる」のに対して、後者は「戸障子を縁の外側へ一杯に押し出し、その戸障子が軒の下へすぐに届いてゐるのであるから、軒の下には小壁をつける余地がない」のである。それでは新御殿はどうか。

和辻によれば、「中書院のやり方を踏襲して敢えて異を立てようとはしてゐない」のであり、軒の高さも縁の下と上の作りも中書院に合わせているとされる。ところが、「その与える印象には非常に異なったものがある」と言う。その原因として和辻は、「軒の高さを中書院と同じにして置きながら床の高さを中書院よりも低くしてゐること」と、「中書院におけるやうに戸障子の下部に腰板を張らず、随って腰板の高さだけ戸障子が下へさがっていること」、また「その結果として戸障子の上部に、古書院の小壁の半分ほどの幅の、横に細長い小壁をつけてゐること」などを挙げている。そして新御殿を「古書院と中書院との綜合」と見なしている。ここに「正・反・合」のヘーゲル的弁証法のいささか図式的な適用を見るのは、決して的外れではないであろう。

新御殿の内部へ

新御殿の意匠の中でも和辻が特に注目するのは「白い明障子の上に、横に細長くのびてゐる小壁」であるが、この小壁についても弁証法的な表現が用いられている。すなわち、「古書院の戸障子の上の広い小壁は、中書院における否定を通じて、新御殿におけるきび〳〵とした細長い小壁となっておのれを現はして来たのである」（一九二頁）と言われる。

小壁についての分析に続けて、和辻は三つの建物のみならずその前の石の配置や庭の面の扱いにおいても、「古書院前・中書院前・新御殿前の三段の変化は、明かに一つの統一のもとに行はれている」ことを強調している。そしてそれぞれの石と庭の扱いについて詳述しているが、その部分は割愛し、新御殿の内部に目を向けることにしよう。

少し長くなるが、内部についての和辻の「第一印象」の記述を引用することとする。

「新御殿の内部についてわれわれの受ける第一印象は、楽器の間外の広縁のはづれで、左手の杉戸をあけて、真直に南の方へのびてゐる広い長い廊下を眺めた時の、何ともいへず豊かな感じである。その幅は一間よりも一寸広いではあらうが、しかし大体において一間廊下であって、少しも珍らしいものではない。室の側の半分に畳を敷き、外側の半分に板を張ってゐるやり方も、ありふれたやり方である。しかもそれが実に豊かな美しさを感じさせるのは何によるであろうか。一つは廊下の外側が鴨居から敷居一杯の明障子で、光線を柔かく取り入れてゐることにもよるであろうが、それより重要なのは、廊下の中央、畳と板との堺を走ってゐる長い框《かまち》と、それに呼応するかのやうに右側の室の鴨居の上を走ってゐる長い長押《なげし》とである。いづれも単純な直線であるが、しかし框の方がきちんと角を附けた欅材であるに対して、長押の方は自然の丸味を保存した長い杉丸太であって、その柔かい感じと欅材の堅い感じとが、非常に面白い対照をなしてゐる。多分それらが先づわれわれの眼を捕へるせいであらう、われわれの受ける第一印象は、実にのびのびと気持よくのびてゐるという感じなのである。」（同、一九四頁）

和辻自身の筆致もまた、どこかのびのびとした感じを与えるが、この「縁側の工夫」の分析はアイティオロジカルな分析の好例であろう。「杉」と「欅」、それらに具わる「角」と「丸み」、また「柔らかい感じ」と「堅い感じ」の対比など、ここでもまた我々はその精緻な観察眼に驚かされるのではないであろうか。もう一つ興味深いのは、和辻がこの新御殿の縁側にも「古書院と中書院との綜合」を見ていることである。すなわち、「新御殿の縁側は、戸障子の内側に取り入れて畳を敷いてゐる点においては中書院のやり方を受けつぎつゝ、その畳敷の外に更に板敷を並べ、一間幅の広縁として、ゆったりとした感じを出している点においては、古書院のやり方をも生かせてゐるのである。」（同、一九五頁）

最後に和辻は縁側の欅の框についての森蘊の主張を引いて、「どうも変である」と述べているが、このあたりに後に森が和辻に対して激しい非難を浴びせることになる遠因が潜んでいそうである。もっとも、それ以外の点について

桂離宮新御殿（パンフレット『桂離宮』財団法人伝統文化保存協会、2008 年）

は、和辻も森の見解を「卓見」「まことに尤も」と持ち上げてはいるのであるが。

以上、我々は雑誌『中央公論』に八回にわたって連載された「桂離宮印象記」の内容を詳しく追って来たのであるが、この印象記よりも後に公刊された著作の方を先に読まれた読者は、かなりの部分がすでにそこで述べられていることに気づかれたことと思う。言ってみれば、この印象記は後の著作の原案・原図に相当するものである。次に我々はこの後に公刊された二冊の桂離宮論を、いわばトレーシングペーパーに描かれた修正案を原図の上に重ねるようにして、「印象記」とのズレと重なりを明らかにして行くこととしよう。

3 『桂離宮——製作過程の考察』

†連載の完結と論争のはじまり

和辻の「桂離宮印象記」の連載が完結したのは昭和三〇年八月であり、本書が同じ中央公論社から刊行されたのはその三カ月後の十一月であるが、まさに単行本（『桂離宮——製作過程の考察』）としての出版が森蘊をはじめとする諸家との論争の火付け役となるのである。

中でも感情的とも言えるほど激しい非難を浴びせたのは森であるが、先の「印象記・八」の内容紹介の末尾にも記したように、和辻自身は森の研究から多くのことを学んだことは認めている。そして本書の序文においても、まずはその点を強調している。その部分を引用すれば、以下の通りである。

「印象記と称しながら一向印象記らしくないものを書いてゐるうちに、桂離宮に関する古文書を丹念に調べていた森蘊氏の『桂離宮』(昭和二十六年)を読み、そこに引用せられてゐる古文書のうちに極めて重要な意味を担ってゐるもののあることを知ったのであった。しかるにその後間もなく、今年五月末に、森蘊氏は、『桂離宮の研究』を刊行し、それらの史料をその他の実地調査の資料とともに詳しく紹介した。それを読んでわたくしは非常に教はるところが多く、多くの点において眼を開かれる思ひがした。でこの新しい知識によって、それまでに書いた部分を或は訂正し、或は書き改め、『印象記』としてではなしに、『製作過程の考察』として首尾一貫したものにしたのがこの書である。」(『製作』序一〜二頁)[20]

これだけで序文が終っていれば、森も喜びこそすれ、腹を立てることはなかったであろう。ところが、問題は残りの部分である。和辻は続けて言う。

「さういふわけでこの書は森蘊氏の著書に負ふところが非常に多いのであるが、しかし桂離宮の製作過程について森氏の主張してゐる独特な意見には大抵従ってゐない。また史料の解釈についても森氏とはひどく違ってゐるところがある。」(同、二頁)

これは丁重な言い方ではあるが、実質上、全否定に近いと言ってもよいであろう。ただし、最後にまた和辻は次の言葉を付け加えている。「たゞ重要な点で森氏と一致し得ると思ふのは、八條宮を桂離宮の作者として重要視するといふ点である。」(同、二一〜三頁)。これは森氏の著書を読んでわたくしの最も意を強うしたところであった。最後にまた持ち上げているようであるが、すでに見たように八條宮は和辻のヒーローであり、当の森からすれば和辻が自説に都合の良いところだけつまみ食いしていると受けとめたとしても不思議はないかもしれない。

†『桂離宮——製作過程の考察』の構成

その後の論争の経緯を追う前に、我々はひとまず、本書の内容を概観することとしよう。最初に、その目次を紹介すれば、以下の通りである。

一　桂離宮の位置
二　桂離宮の創始者八條宮とその周囲

三　桂離宮の造営の開始
四　庭園の製作と作者の問題
五　桂離宮の庭園の構想
六　加藤左馬助進上奥州白川石
七　古書院とその改造の問題
八　思し召す儘の普請
九　古書院御輿寄
一〇　中書院とその周囲
一一　松琴亭とその改造
一二　新御殿増築
余録

先に述べたように、「印象記」の各回の副題と重なるものも少なくないが、一つ大きな違いがある。それは総合雑誌という場と単行本という場の違い、また読者層の違いを意識してのことかもしれないが、「印象記・一」の公園論がここでは省かれている点である。あるいは、ここで和辻は社会政策的な提言はひとまず棚上げして、桂離宮論に特化・純化したと見なすこともできるかもしれない。それはともかく、以下、我々は目次の順序に従って、「印象記」との異同を検証していくことにしよう。

一　桂離宮の位置」

本章の主題は桂離宮の立地と「瓜畑のかろき茶屋」についての考察であるが、「印象記」で立地の問題に触れられるのは比較的遅く、連載第三回の「借景の問題」においてである。また叙述の順序にも、かなりの入れ替えが認められる。「印象記・三」では前二回の庭園についての考察を承けて、「瓜畑のかろき茶屋」も含めた八條宮の当初の構想を探る中で、山並みの眺望を始めとする立地条件が取り上げられ、次いで京都へのアプローチと景色の変化が論じられているのに対して、本書では逆に本論冒頭から京都へのアプローチが取り上げられ、それから四囲の山並みの眺望が論じられている。しかし、その基本的内容においては大差ないとみてよいであろう。むしろ興味を引くのは、和辻が土地の選定をめぐって、ここで早くも森蘊の解釈に疑問を呈していることである。

「森蘊氏は『桂離宮の研究』において、桂離宮の敷地がもと藤原の道長や忠通の別荘を営んだ場所であることを推定してゐる。初代八條宮がたゞその因縁によってこの土地を選んだのだとすると、この位置の選定の問題は、六七百年ほど昔へ押し戻されることになる。

しかし八條宮がたゞこの因縁だけでこの地を選んだのであるか、或はそれ以外にこの土地に引きつけられる理由があったのであるかは、さう簡単にはきめられないと思ふ。」（同、七～八頁）

和辻は「それ以外」の理由として、二つ挙げている。すなわち、その一は「八條宮と細川幽斎との関係」であり、その二は「八條宮妃との関係」である。まず幽斎との関係では、そもそも幽斎が長岡藤孝と名乗っていた頃の昔の領地が「桂川の西地」であったこと、また後に丹後の領主となってからも桂の傍を通る丹波道を利用したであろうことを指摘する。「だから、古今伝授に関して幽斎が八條宮に寄越した使も、またその伝授の品を受け取りに八條宮の派した使も、皆この丹波街道を往来したのであった。つまり、八條宮と細川幽斎との関係が濃厚であればあるほど、八條宮とこの『桂川の西地』ともまた関係が深いわけなのである。」（同、九頁）

では「八條宮妃との関係」とはどのようなものなのか。和辻は妃が細川氏の後に丹後の領主になった京極高知の娘であること、従って生地は信州伊奈だったとしても、「物心がついて以後に、或は八條宮に嫁ぐ前十五年の間に、常子が京都へ来たことがあるとすれば、それはこの丹波街道からであったことは疑ひがない」とする。そして「だから八條宮妃にとっては、今の桂離宮あたりからの京都盆地の景色が、特別の意味を持ってゐた筈なのである」と結論している。

†瓜畑のかろき茶屋

以上の和辻の見解はいわば傍証に基づく推測であり、森の見解を補うプラスアルファとしては興味深い指摘と言えるかもしれないが、藤原氏の別荘との「因縁」を排除するものではないであろう。古来、桂の地が景勝の地として月見や散策するのに好適な場所とされ、また源氏物語との縁もあるとすれば、別業の地の選定に際して、そうした要因が和辻が挙げる理由以上に影響を及ぼしたとしても不思議はないからである。

それはともかく、第一章後半では、立地とも関連して「瓜畑のかろき茶屋」について考察される。これまた基本的内容は、「夏の風景」の強調など「印象記・三」におけるそれと大差ないが、ここでは「瓜」をキーワードとして、より詳しく論じられている。

親王一行の「瓜見」については「印象記」でも触れられていたが、そもそも「瓜見」とは何かについて説明される。

「元来『瓜見』といふのは、瓜の熟する頃にその土地へ遠足して、そこの風景を瓜と共に賞美することであらう。連歌衆や乱舞衆を同道されたといふことには、その趣が現はれてゐるやうに思はれる。随ってこの一行が桂川に逍遥されたのは当然のことである。して見ると、川勝寺などの桂川添いの土地が八條宮の興味をひいたのは、真夏の頃に人を楽しませる川の流れがそこにあったといふことと、その河原から眺めた京都盆地の真夏の風景がいかにも素晴らしいものであったといふこととのためであったであらう。」（同、一三〜一四頁）

「印象記・三」においても、「桂離宮の造営がこの瓜畑における京都盆地特有の眺望から出発してゐることを認めるとすれば、この眺望が新しく造営される庭園の中に取り込まれない筈はないといふことにならざるを得ないであらう」（「印象記・三」一三八頁）として、瓜畑と山々の眺望が決定的に重要であったことが強調されているが、それが「かろき茶屋」と呼ばれた所以についてここでは、次のように述べている。

「『かろき茶屋』といわれる所以は、この建物の格とか取扱ひとかが軽いといふ点にあって実際上の大きさや量の上にはないであらう。下桂村の普通の農夫が普通に建て得るやうな建築、つまり村の大工に委せて置いても軽々と出来上って行くやうな建物、それが『かろき茶屋』といふ言葉の意味であらう。」（『製作』二一一頁）

この建物を和辻は「夏の別荘」と見なすとともに、元和三年から六年の間に建てられ、すでにその段階で位置の選定はなされていたと考えている。そして元和六年六月十八日にここ、「下桂の茶屋」（「かろき茶屋」）に近衛信尋を招待する準備をしたらしいとし、その招待の意味を問題とするが、その前に八条宮が置かれていた事情――それは秀吉の後継問題を始めとする政治状況とも密接に関連するが――を明らかにする必要が有るとして、次章に移っている。

† 「二　桂離宮の創始者八条宮とその周囲」

この章の内容は、ほぼ「印象記・二」の内容の繰り返しと言ってよいであろう。すでに見たように、八条宮に対する和辻の評価は崇拝にも近いものがあるが、ここでもまた、いったんは幼くして秀吉の養子に迎えられたこと、また細川幽斎から古今伝授を受けたことなどが述べられる。また家康との関係、およつ御寮人をめぐる宮廷と徳川家の確執などのエピソードも繰り返されている。強いて違いを挙げれば、小堀遠州とその茶の湯の師匠である古田織部、また織部と親しい関係にあったと推測される中沼左京などについての記述が「印象記」よりも詳しくなっている点であろうか。

さて「印象記」によれば、近衛信尋は皇弟で近衛家の養子になった人物で、およつ御寮人事件当時まだ若干二十一歳にしてすでに右大臣であったとされているが、本章では二十二歳に改められている。信尋は朝廷側の交渉役として、幕府側の藤堂高虎とともに奔走し幕府と朝廷の対立を収めるに当って大いに貢献したとされるが、和辻はそうした信尋の労をねぎらって八條宮が催したと思われる宴に関連して、「藤堂高虎に対して正面の交渉相手であった近衛信尋が、まだ二十二歳の若年であり、問題を起された天皇御自身が二十五歳だったのであるから、当時四十一歳の八條宮が、この事件全体に関して天皇や右大臣の背後に立ち、いろ〳〵と助けてゐられたことを意味するであらう」としている（『製作』五〇〜五一頁）。これまた、信尋の後ろ盾としての八條宮の政治的手腕に対する間接的な称賛と言えるであろう。

続けて和辻は、桂離宮の第一次造営の開始時期との関連でこの宴が催された日時について詳しく検討しているが、「いづれにしても桂離宮の造営は、元和六年夏以後の或時期に始められたと考へてよい」（同、五九頁）と結論している。

†「三　桂離宮の造営の開始」

前章に引き続き、本章の冒頭部分でも和辻は「瓜畑のかろき茶屋」と藤原氏の別荘の関係を取り上げ、森の研究を紹介しつつも批判的な見解を示している。すなわち、森の見解によれば「藤原氏の別荘の遺跡は、農耕地に変化させられないで、深い水溜りや樹立に覆はれた廃園として残ってゐた」ことになるが、「『瓜畑のかろき茶屋』という言ひ現はしは、わたくしには、さういふ廃園の中の茶屋を指してゐるとはどうしても思はれない」と和辻は言い、「その茶屋は下桂村の農家と同じ形の田舎家であってもかまはないが、しかしその田舎家からは瓜畑が見え、さうして瓜畑の向ふには京都盆地をとり巻く山並が見えてゐなくてはならない」とする。さらに和辻は森の見解に対する不満を表明して言う。

「森蘊氏は、『瓜畑のかろき茶屋』と呼ばれてゐるのがこの遺跡を敷地として相当の規模を持った別荘のことであって、その別荘内にすでに今の松琴亭の母屋があったかも知れないとさへ言ってゐる。わたくしには、松琴亭の母屋を単にその一部分とするやうな、規模の大きい別荘の全体を指して『瓜畑のかろき茶屋』と呼ぶなどといふことは、どうも理解することが出来ない。また八條宮のやうな地位にある人が、さういふ卑屈としか思へないような謙遜をするとも思へない。」（同、六三～六四頁）

このような実質上の批判が森の怒りを買ったとしても不思議はないが、その件については後で取り上げるとして、我々は残りの部分の叙述を見ることとしよう。

残りの部分の叙述の中心は、桂離宮の第一次造営に至るまでの経緯、八條宮の周囲のどのような人物たちがどのような形でそれに寄与したか、を推理することにある。

まず挙げられるのは、八條宮の兄である後陽成院の妃である近衛前子である。和辻は八條宮の石高が必ずしも造営開始に十分なものではなかったであろうことを勘案して、「何か外から刺戟するもの、促進するものがあったと見なくてはならない」とし、前子こそ

「桂離宮造営の最初の発起者」であったと見るのである。この点に関する和辻の叙述は、桂離宮論全体を通じての和辻の議論の進め方と、その収斂点をよく示していると思われるので、少し長くなるが引用すれば次の通りである。

「わたくしは前後の事情からしてそれが後陽成院女御近衛前子であったのではないかと想像する。八條宮が川勝寺に瓜見に行かれると、すぐその後に川勝寺のみならず桂を訪ねられた態度は、たゞではない。またその桂訪問のことが八條宮の日記に記されてゐるところを見ると、それは八條宮と十分連絡しての上のことであったであらう。その時の近衛前子の気持は、祖先の別荘の遺跡が再び親しい人の手に返って来たことを、単純に喜ぶだけであったかも知れないが、しかし時代の趨勢から云って、さういふ喜びが遺跡の復興の希望に転じないものでもない。だから前に言ったやうに、松琴亭の構想が逸早く近衛前子の胸に浮び、それが八條宮との間に語り合はれたといふことも、非常にありさうなことに思へるのである。しかし後陽成院は元和三年八月に崩ぜられたのであるから、たとひ右のやうな構想が実際に女御の胸に浮んだとしても、それがそのまゝ中絶の状態に置かれたことは当然であらう。その中絶した希望が再び女御の心に燃え上って来たのは、多分、元和四年五年のおよつ御寮人事件に際して、八條宮の取られた頼もしい態度と連関する問題であらう。およつ御寮人事件は、実子の後水尾天皇のひき起された事件であるが、それに連関して幕府との間の折衝に当ったのは、同じく実子の近衛信尋であった。いづれもまだ年若で、心もとない感じがしないでもないが、その背後にあって、藤堂高虎のやうな老巧な大名と接触しつゝ、近衛信尋の活動を極力擁護してゐられたのが八條宮なのである。後水尾天皇及び近衛信尋の実母として、近衛前子が八條宮を非常に徳とせられたことは、察するに余りがある。だからその感謝の意を表はすために、八條宮が藤原氏の別荘の遺蹟に工を起されるやうな援助の手段を講ぜられたらうことも、非常にあり得ることなのである。」（同、六五〜六六頁）

†和辻の八條宮熱

ここで和辻は、いくつかの出来事を点として、その間に因果関係を想定して線で結んでいるのであるが、このストーリーは「非常にあり得ること」ではあっても、基本的にはあくまでも和辻の「想像」に基づく推測の域を出るものではない。それは「推理小説を読むような面白さ」を感じさせるものではあったとしても学問的な基礎付けを欠いており、その限りにおいて実証性を重んじる研究者から批判を招いたとしても止むを得ないと思われる。もう一つ注目すべき点は、ここでもまた、このストーリー全体が八條宮讃に収斂している点である。この和辻の八條宮熱は、次の段落においてさらにヒートアップする。再び引用すれば、以下の通りである。

「がそのやうに後陽成院女御の発議といふやうなことを考へてくると、それが後水尾天皇や近衛信尋に関して八條宮に感謝の意を表するためといふばかりでなく、さらに八條宮の芸術的才能を認め、それを十分に発揮させて見たいといふ意図を含んでゐることも、おのづから想像に上ってくる。後陽成院が勅版の刊行とか、歌舞伎、操浄瑠璃などの保護とかで示された傾向は、女御の近衛前子もまた共にしていられたところであって、その方面の理解の能力は非常に優れてゐられたらしい。八條宮はその感化のもとに育たれたのであるから、八條宮の才能や傾向などはこの兄嫁の眼にはっきりと見えてゐたであらう。それを念頭に置いて、子の近衛信尋をして桂の造営をすゝめさせたとなると、この発議は非常に意義深いものになってくるのである。」（同、六七頁）

　これはまさに政治的手腕においても芸術的才能においても八條宮をスーパーマン視するものであるが、このような英雄視が随所で反復されている点を見ると、離宮論全体が八條宮に対するオマージュを目的として執筆されたのかもしれない、というような気さえしてくる。それはともかく、残りの部分では、小堀遠州、中沼左京が果たした役割について言及されている。和辻は、前者については史料が乏しいとして軽く扱い、後者の方を重視しているが、結論的には、「庭全体の構図を考へたり、それを数年に亘って徐々に実現して行ったりする立場にあったのは、八條宮自身であって、中沼左京はその一部分をその時々の命令に従って施工して行ったに過ぎないのである」（同、七四～七五頁）としている。

†「四　庭園の製作と作者の問題」

以上の三章の内容は、「印象記」の中でも触れられているものであるが、このような形でまとめて論じられてはいない。その限りにおいて「印象記」の補遺とも言えるものであるが、反対に本章はタイトルのみならず、「印象記・二」をほぼそのまま転用した内容なので、読者には「印象記・二」についての論述（本書、一三一～一四二頁）を参照していただくこととして、次項に進むこととしたい。

†「五　桂離宮の庭園の構想」

庭園の製作と作者について論じた前章に続けて、本章ではそもそも八條宮が庭園に関する構想あるいは着想をどこから得たのかについて、池と二本の松を手がかりとして探られる。この問題もまた「印象記・三　借景の問題」ですでに取り上げられており、重複する部分も少なくないが、若干、アクセントの置き方が違う点もあるように思われるので一瞥しておくこととしたい。

和辻は冒頭で改めて八條宮へのオマージュを捧げた上で、宮が「いよ〳〵昔の藤原氏別荘の遺跡に手をつけようと思ひ立った頃に、その心に往来した庭園の構想はどんなものであったであらうか」(同、九二頁)と問う。そこでまず検討されるのは「古来しば〳〵言われてゐる」説、「八條宮が源氏物語から構想を得てこの庭を作られたといふ」説である。この説に対して和辻は「印象記・三」における主張をここでも繰り返し、宮が源氏物語を愛読し、その教養の基礎となっていたことは間違いないとしつつも、「しかしそれは果して八條宮が源氏物語から構想を得られたといふことの証拠となるであらうか」(同、九三頁)と疑問を呈する。そして印象記とは異なり、ここでは源氏との照応を強調する森蘊を名指しして以下のように批判する。

「森蘊氏は特に『乙女』の巻の中の『南東は山高く』から『深山木どもの木深きなどを移し植えたり』に至る箇所を引用して、『これらは巧みに桂離宮の景観中にとり入れられてある』と言ってゐるが、しかしこれは六條京極あたりの中宮の旧い御殿のほとりを四町占めて造営した六條院の描写なので、西南の町がもとからの中宮の御殿、東南の町が殿の住居、東北の町が東の院の対のおん方、西北の町が明石のおん方と、四つの住居を含んでゐる。随って『南東は山高く』といふのは、南東の区劃においては庭の山を高くして春の花の樹を数多く植ゑてゐるといふ意味であって、御殿から南東の方向に高い山を作ったといの相似を読み出すといふのは、よほど主観的な解釈といはなくてはなるまい。」（同、九四頁）とし、他の描写も含め「この中から桂離宮との相似を読み出すといふのは、よほど主観的な解釈といはなくてはなるまい。」（同、九四頁）

†古今集由来説、そして堀口捨己

極めて辛辣で森の怒りを誘うに十分な物言いであるが、ここでも源氏物語由来説に代えて採用されるのは古今集由来説であり、和辻が理論的拠り所とするのは堀口捨己である。以下、すでに見た「住吉の松」と「高砂の松」を中心として展開される堀口説が紹介され、「わたくしはこの考を大変面白いと思ふ」（同、九六頁）としている。その後に続く松についての記述は印象記とほぼ同様の内容であるが、ここで和辻は松との連関で、新たに池の設計と掘削について思索をめぐらしている。元々この章の初めにおいても「八條宮が瓜畑のかろき茶屋を出て、〔藤原氏別荘の〕遺跡の中に歩み入った時に、先ず最も眼についた」ものとして「水溜り」と「松林」が挙げられているのであるが、和辻は両者――松について言えば、多くの松の中から選び出された二本の松――の有機的な連関に注目して言う。「この二本の松の存在からして、われわれは最初の池掘りの計画の意図をも推測し得るやうに思ふ。といふのは、この二本の特別な形をした松樹を庭の要《かなめ》として生かして使ふためには、その間に群れ育っていた多くの平凡な形の松が取り払われたことを意味するのであるが、その取払いは同時にまた池掘りの工事に進展し、それによってこの庭の輪郭を一層はっきりと極《き》めて行ったであらうからである。」（同、九九～一〇〇頁）

そしてその後掘り拡げられた池の形状からして、「二本の松樹が対峙してゐるこのあたりに、この庭の一つの重心があったこと」が見て取れるとしている。

これに続けて、松琴亭や古書院の露台などの主要な建物の配置と池の設計の連関について詳述されるが、ここでは省略して先に進むこととしたい。

†「六　加藤左馬助進上奥州白川石」

この章のタイトルと内容もまた基本的には「印象記・四」をほぼそのまま踏襲したものであるが、若干手直しされている部分もある。主な論点は二つあり、一つは前半の小堀遠州作庭説の吟味、もう一つは後半の奥州白川石である。

前半の議論の主旨は遠州説の否定であり、その内容は印象記におけるそれと大差ないが一点だけ異なるのは、印象記では間接的言及に留まった『桂御別業之記』のテキストが直接引用され、それとともに和辻が依拠した森蘊の著作と頁の数字が明記されていることである。

ただし、複数ある写本の一つである宮内省内匠寮本の巻頭にある「天正の末つ方、豊臣太閤より小堀東江守政一号宗甫に命じて造進し給ふ。庭作、古書院、是なり。」(引用文は、森の掲げているテキストを和辻が書き直したものによる)を、和辻は「小堀遠州に関する記事がいかに出たらめであるかといふこと」の根拠として挙げている。その理由とされるアナクロニズム、すなわち「小堀遠州は八條宮と同年であるから、天正の末には十二三歳の少年であって、庭作りなどの出来よう筈はない」との指摘は、森がすでに指摘していることであるが、その点についての言及は省かれている。

すなわち、森は内匠寮本と国立図書館本を比較し、次のようなコメントを付している。「内容に多少の相違あるのと、前後の差異あるのとは之を見逃し得ない所である。特にその中にあって明治廿二年横井時冬氏の園芸考、並びに明治廿七年以降の小澤圭次郎氏の園苑源流考中にて、それぞれ看破せられた、前者の甚だしい誤謬、即ち天正の末年豊太閤の命を受け、十歳前後の小堀遠江守が作庭せる筈なき明白なる錯誤ある点より見て宮内省内匠写本の内容は、国立図書館本にやや劣ることは否み得ない所であろう。[21]」

この文に見られる先行研究に対する森の誠実な態度に比べると、和辻のそれはいささか不十分の識りを免れないように感じられる。

さて和辻は『桂御別業之記』にある遠州伝説については「もと〳〵甚だしく不安定なもので、それ自身あまり信頼するに足るやうな印象を与へない」として退けているが、「加藤左馬助進上奥州白川石という云い伝へ」については、「いかにも簡単明瞭で、これまで何人にも疑はれたことはないやうである」として重視している。しかし以下に続く叙述は、今流に言うならば「印象記・四」の文章の「コピー&ペースト」なので割愛することとする。ただ一点重要なのは、和辻はこの段階においても依然として問題の「白川石」が「奥州」白川石であり、「関西の方へわざわざ白川石を運んで来たこと」を露も疑っていないことである。その点についての反省は、次作まで待たなければならない。

†「七　古書院とその改造の問題」

本章の前半部（一三五〜一四四頁）、古書院と中書院の築造の相対年代をめぐる叙述は「印象記・五」と全く同じである。ただこの著作では、古書院先行説を否定する藤島説の紹介の後に、新たに森説の紹介が挿入されている。和辻は森説を「この考え方（藤島説）を更に一層徹底させてゐる」とする一方、他方で藤島説との相違も指摘している。徹底しているとされるのは、「桂離宮の中に最初に建てられた建築は今の中書院であり、今古書院と呼ばれている部分は、古い建物を持って来て、この新築の書院に附け足したものだ」と見る点である。[22]

和辻は「森氏がこの考に到着したのは、古書院と中書院との継ぎ目にある柱を詳細に調査したからであった」として、その調査の結果判明した主な点を紹介している。すなわち、その第一は「中書院の周辺にもとは勾欄が廻らしてあったということ」であり、第二は、その勾欄と内側の遣り戸や明り障子との継ぎ目の部分の屋根裏に、「古書院の小屋組にはこゝで模様を変へたらしい痕跡がかなりある」こと、また「古書院一の間の床柱の杉の面皮材などには、あとから取りつけたといふ痕跡がまるでない(23)」ことなどである。

他方、藤島説と相違する点とされるのは、中書院と古書院のどちらを主と見、どちらを従と見るかに関してである。すなわち、「藤島氏の解釈では古書院が表座敷、中書院が寝間その他内向きの部分といふことであったが、森氏の解釈はそれとは逆で、中書院が公的な性格を明白に示しているのに対し、古書院はむしろ従属的な意味しか示していないといふのである。」(一四五〜一四六頁)

以上のように森説の大要を紹介した上で、和辻は「わたくしはまだ十分に説得されたという気がしない」として、藤島、森両説に対するその疑問点をまとめているが、藤島説に対する反論は「印象記・五」と同主旨なので割愛する。

新たに付け加えられた「森蘊氏の考」については、中書院の縁側にあったとされる勾欄や「御座の間」なども「様式感覚の別を示すのであって、必ずしも室の用途の別を示すわけではあるまい」として退け、「森氏が、中書院こそ中心的建物であって、古書院は附属的な部分に過ぎないといふことを証明しようとしてゐる議論は、皆、古書院が最初質素に建てられ、中書院が後に異なった様式感覚を以て贅沢に建てられたといふことを証明するのに役立ちさうである」（二四八〜二四九頁）と結論している。

ただし、「古書院と中書院との継ぎ目の部分の屋根裏の調査のことについては、わたくしには何ともいふ資格がない」として、「印象記・五」における同様、「建築の専門家」である堀口捨己に助け舟を求めている。そして古書院と中書院の間に「同じ時に同じ人の指図で作られたとはどうしても考へられないやうな、手法の相違がある」との堀口説を改めて紹介しているが、その内容は印象記と重なるので省略する。実は森の主張に対しては他ならぬ堀口その人が直接詳細な批判を加えているので、先のところで太田博太郎の和辻説批判とともに取り上げることとしたい。

「八　思し召す儘の普請」

本章で和辻は、「印象記・七」の記述を適宜入れ替えながら、八條宮による「思し召す儘の普請」が「彎曲線の支配」に代えて「直線の支配」を基調とするものであることを、松琴亭の茶室を例にとって論証しようと試みている。

まず、「印象記・七」では終盤（二四三〜二四五頁）で取り上げられる八條宮妃常照院が松琴亭の茶室の完成を祝って中沼左京――施工の責任者であったと考えられる――に送った手紙――森蘊が著書の中で引用している手紙――についての紹介が、ここでは冒頭に移されている。そして「この妃はよほど深く八條宮の普請に関与してゐられたやうに見える」点が強調される。また抑々《そもそも》、妃が普請に対してそれほどまでの関心を寄せるとともに支援を惜しまなかった原因として、八條宮自身の「思い通りの普請をして見たい」という思い、すなわち宮の心に「建築や庭園についての構想が渦巻いて居り、それが絶えず実現を要求して止まなかったといふこと」を想定している。

手紙の文意についての和辻の解釈が妥当かどうかに関しては検討の余地があると思われるが、和辻はこの手紙を元に、「(松琴亭の)茶室の竣工の後に八條宮の『思ひ通りの普請』が始められたといふことを知るのは、非常に有益である」と結論している。

そして「寛永三年以後の普請の続行といふことは、いよ〱確からしくなってくる」として、この頃を「桂離宮の芸術的形成」にとって「最も重要な時期」と位置づけ、「この茶室が附置される前の松琴亭はどんな姿であったのか。それに対して茶室の普請は何を意味したのであるか」を問題としている。

和辻は「前章の初め」(＝「印象記・五」)で論じた「天の橋立の石の反り橋」と「古書院の屋根の彎曲線」の緊密な呼応に改めて言及するとともに、石橋の反りが松琴亭の大屋根の幽かな湾曲線とも「実によく調子を合はせている」ことを強調する。さらに和辻はこの松琴亭と石の反り橋の絶妙な取り合わせについて詳述しているが、その部分の叙述は「印象記・七」の二三五〜二三六頁から取られたものである。和辻の記述からすれば、当然、古書院の屋根と松琴亭の屋根の両者を一望に納めることが出来るものと思うところであるが、意外にも和辻は「同じやうな彎曲線を持った屋根を見比べるといふことは、今は出来ないのである。」（『製作』一五九頁）と言う。

そこで和辻が持ち出すのが、元々は有ったと言われる朱塗欄干の大きな橋である。そしてその橋もまた「上へ反ってゐたであらう」とし、「さういふ巨大な彎曲線が古書院と松琴亭との中間にどっしりと据ゑてあったとすると、古書院や松琴亭の屋根に少しでも彎曲線が現はれてゐなかったらば、ひどく不調和に感じられたかも知れない」（一六〇頁）と推理する。和辻によれば、まさにこの橋が、両者を「見比べ得る場所ともなってゐる」のである。そしてこの屋根と橋の曲線の呼応を基調とする眺めが茶室増築以前の姿であったとすると、「中沼左京のやった松琴亭の茶室の建て増しは、八條宮の思し召す儘の普請への出発点として、非常に意義深いものになってくるであらう」（同、一六一〜一六二頁）と言う。

その意義は、松琴亭の東北面を形づくる入母屋の妻の三角形を始めとして、「上にも下にも彎曲線はなく、すべての部分が直線で構成されてゐる」点にあるのであり、「松琴亭の東北面で彎曲線を取り消し直線の支配が始まったのは、茶室の普請と同時であったといふことになる」とする。すなわち和辻によれば、中沼左京がやりとげ、八條宮妃が礼讃した茶室の普請・松琴亭東北面の改造は宮の「思ひ通りの普請」の開始を告げるものであり、「その思ひ通りの普請が、これまでの彎曲線の支配に対して直線の支配を際立たせようとする新しい意匠と結びついてゐることは、もう疑ひのないところ」（同、一六七頁）なのである。

†「九　古書院御輿寄」

前章では「直線の支配」を特徴とする「思ひ通りの普請」が始められた時期についての推測が中心であったが、本章の最初の部分で和辻は「思ひ通りの普請」以前の姿と八條宮の構想の関係を問い、「以上が八條宮の思ひ通りの普請であったとして、それ以前の古書院や松琴亭母屋などが八條宮の意図したところでなかったかといふと、さうではあるまい」（同、一六九頁）と述べている。そして「第一次造営開始以来の庭園が八條宮の意匠に従ったものであったやうに、屋根に彎曲線を明白に示している古書院も松琴亭も、八條宮の指図によって出来たものであることは、少しも疑ひがないと思う」（同前）と断定している。

和辻の見るところ、「当時の八条宮は、曲線の支配を好んでいたのであって、まだ直線の支配の方に向いてはゐない」とし、その転換を阻んでいた原因を「経済上の制約」に求めている。我々読者としては、そもそも何故に宮の好みが「曲線」から「直線」に変化したのか、その理由を知りたいところであるが、差し当たってそれについての説明は見当たらないようである。

さて和辻は、「思ひ通りの普請」の以前以後の関係をめぐる前置きに続けて、「直線の支配の顕著に現はれている普請」の具体的説明に着手する。そこでまず取り上げられるのは古書院の御輿寄であるが、それについての叙述は章末の三行を除いて「印象記・五　古書院とその改造の問題」の後半と全く同じなので、割愛する。

†「一〇　中書院とその周囲」

この章は、最後の四行を除いて「印象記」第六回「平面的なもの直線的なものの美しさ」と全く同じ内容なので、これも割愛することとする。

†「一一　松琴亭とその改造」

本章冒頭で和辻は、松琴亭の茶室の増築を端緒として開始された「思し召す儘の普請」

が以上に見た古書院御輿寄の改造や中書院の建築を経て「再び松琴亭の方へ帰って来たであらう」と述べ、「それではこの時に松琴亭はどういふ風に改造されたであらうか」と問う。

そして「それはまづ第一に松琴亭の母屋の古い形を保存しつゝ、そこへ新しい要素を加へて行くことであった。だから中書院と古書院との場合と同じやうに、ここでも新しい統一が作り出されてゐるのである」（二〇六～二〇七頁）と答えている。

この答に続く「朱塗欄干の橋がまだかゝっていた頃に」以下、二一五頁の第二段落の終わりまでは「印象記・七」の一部（二三六～二四一頁）と重なるので、省略する。それ以降の叙述は印象記と逐語的に対応するものではないが、内容的にはほぼ同じと見てよいであろう。すなわち、松琴亭の東北面と西南面の対比や奥州白川石の橋、流れ手水などに触れた上で、それらの設計・施工に中沼左京が深く関わったであろうことは認めつつも、再び八條宮妃の手紙を引いて、妃の「普請全体を八條宮の構想に基くものとはっきり認めてゐる態度」に学ぶ他はないと結んでいる。

†「一二　新御殿増築」

余録を除く本論の結びとなる本章であるが、基本的内容の大部分は「印象記・八　桂離宮の完成」と同じである。ただ印象記と異なるのは、ここでもまた、途中で森蘊の説が新たに挿入されている点である。すなわち、本文二二九頁から続く二三〇頁の第一段落において、和辻は縁の上に見られる古書院と中書院の対照を凸と凹の対照として捉える見方を繰り返しているが、「ところでこの対照は、中書院が建てられた当初からのものでなかった、といふ意見が森蘊氏によって提出されてゐる」として、その「意見」を紹介している。

森説に従えば、「中書院の最初の姿では、縁側は畳敷ではなくして榑板《くれいた》張りであり、その外端に外障子などはなくしてたゞ勾欄が附いてゐた」のであり、「随って雨戸も明障子も三尺の縁側の奥に引込んでゐたわけであり、更に重要なことには、その戸障子の上部に細長い小壁がついてゐた」とされる[24]。

その帰結は和辻にとっては甚だ不都合なものとならざるを得ない。なぜなら、「さうなると、縁の上に関する限り、中書院は古書院と同じであって逆にならない」からである。

和辻は「中書院のさういふ姿が今のやうに改められたのは、新御殿が増築されてから後」だとする森の意見を紹介した上で、「古書院・中書院・新御殿と三つの建物が雁行する形となった時に、古書院と中書院との間の逆の関係が際立つやうに改造された」必要性と意味を問う。そこで和辻は「一応森氏の意見通りの中書院の姿を心に浮べつゝ」中書院と新御殿の関係について思いを巡らすのであるが、古書院を参照軸とした両者の関係は、縁の下に関して言えば中書院と古書院が逆で、新御殿もそれを受け継いでいるとされる。
　他方、縁の上に関して言えば、中書院は古書院を踏襲しているのに対して、新御殿は「はっきりと逆に出て」いるのであり、その点に関する限りでは中書院とも逆に出ていることになる。

　このような三者の関係を和辻は次のように要約している。すなわち、「古書院・中書院・新御殿の関係は、いつも前者に対して半ば踏襲半ば逆に出るといふ態度を取り、結局古書院と新御殿との間に全面的に逆の関係を作り出してゐるのである」（同、二三一頁）。そして「印象記・八」では新御殿を「中書院と次元の違ったもの、即ち古書院と中書院との綜合となっている」としていたのに対し、ここでは「漸進的に逆の立場に移ったことになるであらう」として、「一つの展開的な関係」を想定している（同、二三三頁）。しかし、和辻によれば、こうした展開は決して「初代八条宮の意匠」を変えたものではない。すなわち、「新御殿の意匠が、中書院の意匠に含まれてゐる『逆に出る』といふ関係の発展に過ぎないとすれば、新御殿の建築を媒介として中書院の意匠が一層よく自覚され、それが改造を呼び起すといふこともあり得る。初代八条宮の構想は、八條宮妃の心に消えぬ火として生き続け、十何年かの間に種々の仕方で二代目八條宮の心に滲み徹って行ったでもあらう。」（同、二三五頁）

引用後半の「八條宮妃の心に消えぬ火として生き続け……」は「印象記・八」(一九二頁)にも見える文章であるが、宮の構想が和辻自身の心にも燃え続けていたことを物語る一文ではあるまいか。

さて、三つの建物の関係をめぐる以上の総観的記述に続いて、小壁の印象や石の配置、さらには楽器の間外の広縁の造りを始めとする新御殿の内部についての詳細な観察が述べられるが、そのほとんどは「印象記・八」から取られたものなので割愛し、本書において付け加えられた「余録」の検討に進むこととしたい。

†「余録」

「余録」の導入部で、和辻は蘇鉄山の裏の外腰掛と砂雪隠《すなせっちん》、その腰掛の前の敷石道について論じているが、「余録」の主な内容を成すのは初代八条宮の後を継いだ二代目八條宮による第三次造営の概要と、その評価である。「印象記・八」においても和辻は第三次造営について触れてはいるものの、その記述は極めて素っ気ない。

すなわち、「この第三次造営は、御幸門とか、御幸道とか、笑意軒とか、或は室内装飾としての桂棚とかのやうなものであって、桂離宮の庭園や建築の骨格に影響するほどのものではない」(「印象記・八」一八九頁)としてあまり重視していない。それに比べれば、ここでは第三次造営の核を成す建造物や室内装飾についてより詳しく述べられてはいるが、その評価はあまり高くないようである。

二代目八条宮による第三次造営の主な項目として、和辻は以下のものを挙げている。

御幸門
御幸道
新御殿内部の改造——上段の間、桂棚、その他卍字崩欄間、月字型引手、水仙釘隠
笑意軒

和辻は「これらは派手好みの後水尾上皇の意を迎へて、第二次造営までの桂別業の意匠と著しく異なった、技巧過多のものになつてゐる」との世評を紹介し、その信憑性については保留しつつも、「古書院より中書院が、中書院より新御殿が、更に新御殿のうちでも上段の間や桂棚などが、漸次より多く手のかゝつたものになつてゐることは事実である」(『製作』二五一頁)としている。そしてそれを可能にした一因として二代目八条宮妃の出身である加賀の前田家の財力を挙げる一方、「この頃に時代もまた眼に見えて贅沢になつて行つたことを考へ合はせなくてはなるまい」とも述べている。すなわち、「初代八条宮が

初めて瓜畑のかろき茶屋を営まれた時から考へると、この第三次造営は元禄時代の方へ近くなってゐる」のであり、「桂棚の豪奢なやり方にもよほどさういふ時代の匂がする」(同)と言う。が、それは和辻の佳しとするところではない。

†簡素な美しさ

和辻は「桂離宮の建築の美しさはその簡素なところにあるのであるから、豪奢になったからと云って美しさを増したというわけには行かない。その最もよい証拠がこの桂棚であろう」として、桂棚に対して手厳しい批評を加える。和辻によれば、「いろいろの名木珍《めいぼくちん》木《ぼく》を集めて作られている」とされる桂棚ではあるが、「桂離宮の特徴である簡素な美しさ」に伴う「形の鮮やかさ」を欠き、「いかにもゴタ〳〵した感じになってゐる」のである。

桂棚ファンにとっては受け入れ難い評価かもしれないが、以上の批評から見ても、和辻が陽明門に象徴される東照宮派であり得ないことは明らかであろう。

桂棚についての酷評の後には、二代目八条宮も含め、桂離宮の造営に関わった人物たちの逝去に伴って「桂別業と後水尾上皇との関係が非常に深くなって来た」とのコメントが続く。和辻の見るところ、上皇は長生きしただけに「桂離宮に濃厚に後水尾上皇の色彩が現はれて来たといふことも、当然の勢」(二五四頁)なのである。このことは、前に見た

「派手好みの」上皇という世評が正しいとすれば、ますます派手に、すなわち和辻の好みとは逆の方向に進んだことを意味するであろう。

最後に和辻は「ここに取上げそこなった問題は、なお多数に残ってゐる」として、特に月波楼と笑意軒を「大きな問題」として挙げている。そして両者の細部について詳述しているが、和辻が一番強調したいのは「直線の支配」が等しく貫徹していることであろう。すなわち、月波楼においては「直線の支配がこゝでは最も軽快な姿に現はれてゐる」のであるが、笑意軒においても月波楼に比べれば「幾分重々しくなるが、しかし直線の支配という特徴は、同じように認められる」のであり、「内外ともに直線の支配がよほど顕著である」とされる。そしてこうした点においては、二代目八条宮や常照院などの好み――後水尾天皇の好みではなく――が「案外にはっきりと出てゐるのかも知れない」としている。さらに末尾で賞花亭にも言及しているが、ここでもまた「直線の支配が案外にはっきりと出てゐて、中々馬鹿にならないものである」(同、二五八～二五九頁)と述べている。

†建築の専門家からの批判

以上、我々は単著としての『桂離宮――製作過程の考察』の内容について、雑誌『中央公論』に連載された「印象記」と比較しつつ通観して来たのであるが、そのかなりの部分が「印象記」における叙述そのままの引き写しであることが明らかになったかと思う。この著作は出版後、建築の専門家たちからの批判に晒されることとなる。和辻はそれを踏まえ、三年後の昭和三十三年に副題も変えて『桂離宮――様式の背後を探る』として再刊するのであるが、その前に我々はまず、森蘊と太田博太郎から加えられた批判について見ることとしよう。同時に森蘊の和辻批判――というよりも非難と言った方がよいかもしれないが――と併せて、その森の批判に対する堀口捨己の批判についても見ることとしたい。

4 批判と応答

†森蘊の場合

これまで幾度も言及した森蘊は、複数の桂離宮論を刊行している。まず昭和二十六（一九五一）年に『桂離宮』を創元社から出版、その改訂版『新版 桂離宮』を昭和三十一（一九五六）年に同じ創元社から刊行している。こちらはハンディな四六判であるが、前年の昭和三十（一九五五）年五月には重厚な装丁の『桂離宮の研究』を東都文化出版から上梓している。その森が和辻に対して激しい批判というよりも非難を加えたのは、昭和三十一年刊行の『新版　桂離宮』の初版の跋においてである。少し長くなるが、森の憤慨ぶりがよく伝わってくるので、まとめて引用することとする。

「昭和二十六年九月に私の『桂離宮』創元選書二一五号の初版が出たすぐ後で、私がこの著書の中ではじめて公にした数多くの文献資料が、急にあちらこちらで重宝がられ、八條宮親王身辺のこと、小堀遠州と中沼左京の関係、藤原時代の遺跡の問題のことなどが、いくつかの他の著書や論文の紙面をにぎわしたことを嬉しく思っている（中でも最も著名なのが、堀口捨巳博士解説毎日新聞社発行の『桂離宮』である）。所が昨秋中央公論から発行された和辻哲郎博士著『桂離宮』（製作過程の考察）ではこんなことがあった。博士は二月頃からずっと雑誌中央公論に『桂離宮印象記』を連載されていたが、その時はこの本の初版に気がついていなかったようである。そして昨年五月末に私の『桂離宮の研究』（東都文化出版発行）が出たのを知って、急にその引用文献に刺戟され、慌てて書き改め――このことは博士の序文中にもみとめている――単行本にされた時には『居直』って私の著書の論述に必要以上の非難を浴びせている所がある。私は前述の通り、桂離宮を熱愛するのあまり、長年月宮内庁書陵部の御文庫その他に通い、この眼で古文書を閲読し、必要と思われるものを書き抜き、更にその中から選り抜いて拙著に引用したのであって、引用したものは極一小部分にすぎない。従って私の引用したものだけを裏返して異論をとなえるのでなく、完全に別な資料の提出を願いたいものである。更に私の論述の重要な部分は、寛永以来の煤や蜘蛛の巣にまみれた屋根裏や縁の下にもぐりこみ、はいずりまわり、又測量器をかかえ、箱尺やテープを引きずりまわしながら、長年月かかって実測した結果からの自信ある資料に基いたところであって、如何に学界に著名な美学者や建築家といえども、それだけの実地調査を経ない人の説を信じ、中書院、古書院の接着の問題や、初期桂山荘の姿などについて私を非難するのは軽率であると思う。けれども私はあくまでも学界のために『生《なま》』の資料を積み重ねる役割を果たさねばならぬ研究所員の一人として、『糊と鋏』で名を売るジャーナリストとは立場が違うことを自覚している。(25)」

要するに森としては、人の褌で相撲を取っておいて偉そうなことを言うな、と言いたかったのであろう。この森の怒りに満ちた非難にも一理あると思われるが、この森の和辻批判は別の批判に晒されることになる。すなわち、森もその名を挙げている堀口捨己からの批判である。

†堀口捨己の場合

堀口は「中書院、古書院の接着の問題」も含めた森の基本的見解に対して文献学的、建築学的観点から専門的な批判を加えるとともに、上に見た森の和辻に対する非難の行き過ぎを窘《たしな》めてもいる。その批判の詳細を逐一紹介するわけにはいかないが、その主要論点を整理すれば以下の通りである。

和辻が紹介しているように（本書、二〇一～二〇二頁参照）、森は古書院と中書院の順番と序列を逆転させ、中書院がまず設計され、それに付随する形で古書院が同時もしくは後になって移築されたと主張する。これに対して、堀口は森が挙げる四つの論拠を順に論駁する。(26)

まず、古書院が客をもてなす座敷にふさわしくないとの論点に対しては、「この古書院だけでは、手狭であったから今日中書院が建て増されたと考えられる」としている。

第二に、古書院だけが庭園に妻を向けているが故に景観的に不完全だとしている点に対しては、「古書院の池側の入母屋造の妻は、誠に雄大で、それだけでも見られるに足る眺めであることは、図を見ても、写真でも充分に解る事である」と反論している。

第三に、古書院の囲炉裏のある室にあってしかるべき廻り縁がなく直接南庭に面していたことになるとの指摘に対しては、「古書院と中書院との接する所は、当然建て増しの時に模様がえされたであろう事は、今日われわれの建て増しの場合と同じであったに違いない」としている。

第四に、古書院の方が先に建てられていたのならば、後から建てられた中書院は古書院の様式に合わせて建てられ、室内もそれに倣って造られるべきであった、との論点に対しては、「古書院と中書院が様式的に違っていることを認めていたなら、同時に建てられたと考えない方がよい」として退けている。すなわち、堀口の見るところ、「桂の茶屋とか桂亭と云うのにふさわしい姿としての多くの数寄屋造の要素が、今の桂離宮を支えているのであるが、それと異なる古書院は、これらの建物よりも真先に建ったと云う伝を肯う事の方が当り前」なのである。

続けて堀口は、森が古記録に古書院が「御末の間」と記されていると主張している点について、それが根拠の無い主張であるとともに、「一般に『御末の間』とは「次の間」とか、その他、その家の末の方に位するものの間の事である。『一の間』をもつ古書院を『御末の間』などと呼ばれる謂われや、慣しはないはずである」と批判する。(27)

さらに古書院の小屋裏に転用材が混じっている点や移築された可能性、接続部分に見られる埋木などについての森の主張に対しても堀口は詳細な反論を加えているが、紙幅の都合上割愛する。

†論争のゆくえ

先に述べたように、以上の詳細な理論的反駁の最後で、堀口は和辻に対する森の批判を節度を欠いたものとして批判する。森は和辻に対して自分が苦労して発掘した資料を利用しておきながら「裏返して異論をとなえるのではなく、完全に別な資料の提出を願いたい」と要求していたのであるが、堀口はそれが自分にも向けられるかもしれないとしつつ、次のように述べる。

「いずれにしても歴史資料は、資料である。その歴史的解釈は、解釈である。桂離宮の史料を探し出された森博士の功を認めることにやぶさかではないが、その解釈はまた別の事柄である[28]」。

そして森の和辻に対する非難に言及して「ジャーナリスト、際物的著書と云うような言葉は、凡そ和辻先生とは縁遠いもので、先生の人柄や著書を知っている程の者は、この言葉を聞いても、和辻先生について云われているとは思えないであろう」と和辻を弁護している[29]。これを承けてか、森は『新版 桂離宮』の中の文献紹介の末尾に和辻の著書を挙げるとともに、次のような註を書き加えている。

「この本は私がこの稿を終ってから出版された。初版の跋文では、この本に対し激烈な暴言を放った。どんな事情があったにせよ感情に走った上の毒舌はよくなかったと思う。改版の跋文を書き改めておいた[30]。」

このように森は反省してはいるが、おそらく内心では和辻に対する反発は抱きつづけていたのではないだろうか。次に我々は「感情に走った上での毒舌」ではなく、日本建築史の泰斗による冷徹な和辻批判に目を向けることとしよう。すなわち、太田博太郎の批判である。

†太田博太郎の場合

太田博太郎の論考は、同じ雑誌上に、前節で見た堀口捨己のそれに続けて掲載されている。

そのタイトルは「和辻博士『桂離宮』への疑問」である。冒頭で太田は中央公論連載中から和辻の「桂離宮印象記」に興味を持っていたことを述べるとともに、それを元にした『桂離宮――製作過程の考察』についても、「この本は、桂離宮の建築と庭園の様式の微細な分析と少い文献史料を縦横に駆使することによって、桂離宮の造営過程を把えたもので、叙述も面白く、解釈もなかなか突込んでいて、私達の教えられるところが多い(31)」と評価している。とは言え、和辻の説を全面的に受け入れているわけではない。太田は次のように続ける。

「しかし、これが『印象記』であるときと、研究論文の形をとったときとでは、私達の受ける感じが大変違う。印象記ならば、その人の印象として、割合に軽く感じられるところも、歴史の論文としてみると、簡単には見すごせないように思われる。(32)」

そして「読んでゆくに従い、私なりに疑問の生じたところもあるので、ここに私の疑問を率直に述べて博士の教えを乞いたいと思う」として、「見すごせない」点を順次指摘して行くのであるが、それに先だって、あらかじめ不遜の譏りを避けるためか、次のように述べている。

「人によっては、先学に対して意見を述べることを、不快に思う人があるかもしれない。しかし、私は学問的な労作に対しては、儀礼的な讃辞は、かえって失礼であり率直に意見を述べる方が、むしろ礼儀であると考えている。先学の業績を尊ぶことと、それを批判することとは共に後輩の義務であると信ずるからである。(33)」

その和辻批判に先立ってこのような一種の弁明をしているのは、堀口が窘《たしな》めていた森の和辻非難を意識してのことであろう。というのも、先の「後輩の義務」云々に続く段落で太田は森の非難に言及し、それを「見当はずれで、かつ礼を余りにも失している」としているからである。

†太田の問題提起

さて以上の前置きをした上で本論に入ることになるが、太田が問題とするのは、史料の取扱い方の妥当性である。

「博士の立論の根拠である、直線と曲線に分けられた様式の分析と、使用された文献の解釈とを、そのまま認めるとすれば、その所論はなかなか面白く、よくこれだけの史料から、ここまで論じられるものと感心するのであるが、一度その基礎を疑ってみると、『印象』を基として出発されているだけに、納得できないところが出てくる。史料の取扱い方が妥当であるかどうかという点が、この論文に対する問題点であると思う。[34]」

若干、皮肉も感じられる文章であるが、太田がまず具体的な問題点として取り上げるのは、「下桂瓜畑のかろき茶屋」での宴に関する智仁親王の書状についての和辻の解釈である。和辻はこれを元和六（一六二〇）年のものと推定しているのであるが、太田は招待客の一人である四辻中納言がまだ流刑中であった可能性が高いことを挙げて否定し、むしろ元和四年を主張している。[35]

次いで中沼左京宛の常磐院殿御消息にある「御ふしん仰つけられ候はん」の主語と命じられた相手について、和辻は八條宮が左京に命じたと取るのに対し、太田は左京が職人たちに命じたと解するのが適切としている。[36]

藤堂高虎に宛てた近衛信尋の書状に見える宴の場についても、和辻が主張する八條邸ではなく、近衛邸の鏈《くさり》の間であろうとしている。[37]

以上の点よりも興味深く思われるのは、和辻もその存在を重視している「奥州白川石」をめぐる指摘である。太田は「奥州白川石についての博士の考証は、大変興味深いし、いままで、これを誰も使わなかったものだけに、博士の考察に敬意を表するのであるが、近世末の『桂御別業記』の文だけに、これを重要な論拠とすることは、困難ではあるまいか」として、史料自体の問題性を指摘する。すなわち、「『御別業記』は新しいもので、しかも原本は発見されていないから、疑えば、最初から『奥州白川石』とあったかどうか、一寸疑問になる。(38)」としてその理由を述べているが、問題はその理由である。

「というのは、普通白川石といえば、京都産の花崗岩で、最初白川石とだけあったものを、書写に当って『奥州』を附け加えたかもしれぬという恐れもあるからである。(39)」

だとすれば和辻の主張は根拠を失うことになるが、太田は「奥州の白川石は、『本邦産建築石材』によると、安山岩で、庭石や橋石に用いるとあるから、石としては適当かもしれないが、離宮の石橋の質は何であろうか。これも調べてみる必要がある」として断定は避けているものの、歴史的観点から見ても疑わしさが残ると言う。すなわち、

「『加藤左馬助進上白川石』とあって、これにより博士は加藤嘉明が寛永四年会津四十万石に封じられて、『新しい領地をめぐって白川石を見出し』これを八條宮に進上されたとするのであるが、嘉明が会津に封じられたときから、白河は会津藩より分れ、棚倉城も丹

羽長重の領地となる。もちろん、嘉明は会津へ行くのに白河を通ったであろうから、そのとき見出したとしてさしつかえないが、自分の領地から進上するというような強い関係は見出せない。このような点からも、嘉明と奥州白川石との関係は疑われなくもない」と八條宮と嘉明を結びつける根拠の薄弱さを指摘している(40)。

†様式についての問い

次なる問題は様式に関するものであるが、基本的問題点として太田は以下の二点を挙げる。

その第一点は「博士の直線的、曲線的に分けられた様式の分析がそのまま受取れるかどうか」であり、第二点は「建築や庭の現状が、当初のままを伝えているかどうか」であって、「もし後の改造であれば、議論の根拠とすることができなくなる」のである。

そして「曲線的なもの」と「直線的なもの」として和辻によって挙げられている建物や庭石や橋石をグループ分けした上で、「桂離宮の意匠が、直線的な、平面的なものの釣合いによって美しさを作り出しているという点は全く同感である」としつつも、曲線に関しては、「私は博士の挙げられたものをとくに曲線的というほど強く感じられない」と異議を唱えている。和辻は曲線的な古書院や松琴亭に始まって、直線的な意匠の中書院や御輿寄、さらには松琴亭の増改築に至ったと見るのであるが、太田は必ずしも和辻の思い描く流れには収まり切らないものがあることを指摘する。すなわち、「古書院の角柱の方が、中書院の杉面皮柱より直線的」であり、「御輿寄の沓脱石」は「どうしても曲線的なもののうち[41]（原文「ものうら」）に数えたくなる」とされる。また松琴亭の軒についても、「博士は正面は曲線、北側は直線といわれるのであるが、私にはどちらも同じ程度の曲線で、その間にしいて異同をつけるのは難しいように思える」と述べ、それが単なる主観的印象でないことを証明するために「川上邦基氏の桂離宮の実測図をみると、両方とも同じ程度の曲線になっている」との主張を付け加えている。[42]

†改造されたかどうか

次に太田は第二の問題点に触れて、「現状が当初からそのままの姿かどうかということになると、問題はなお厄介である」と言う。そして松琴亭の増改築についての和辻の主張——松琴亭は当初は半分の母屋だけで、茶室を増築する際に、最初は反っていたであろう東北面の軒の線が直線化されただけでなく、西南側面や土庇の石の仕切り線などもまた中書院以後に改造されたことが認められるとの主張——に建築学的観点から疑問を投げかけている。

すなわち、「西南面の直線的であることの説明には、欄間、敷鴨居、障子なども入っているし、土庇の前の切石は、土庇の砂利と飛石の見切線であるから、土庇と密接に関連しているから、この改造というのは、土庇や、軸部にまで及んだものと見なくてはならない」のであるが、その構造上の改変の帰結として「当然屋根の形も変ったと考えられるし、少なくとも葺きかえられるから、正面の軒先も、もとのままだったかどうかわからないのである。そして「もし当初曲線であったとしてもこのとき直線に変えられてしかるべきものと思う」とも言う。[43]ということは、和辻の言うように正面が曲線のままであるとすれば、改造そのものが実際に行なわれたかどうかということ自体が疑問とされ得ることを意味する。まさにこの点を太田は問題視する。

すなわち、「この小亭が二回もの改造を経たとすること自体、かなり問題がある」のであり、「たとえ、外観の感じが部分によって違うからといって、それをすぐ改造とすること」は穏当ではないと。そして「建築家でない博士に望むのは無理であるけれども、このような、改造が問題であるかぎり、その改造の程度と、その証拠とを挙げる必要があると思う」[44]と、丁重ながら辛辣な苦言を呈している。

先に見た如く、太田も堀口同様、森が和辻に投げつけた非難については「見当はずれで、かつ礼を余りにも失している」とし、新しい史料に基づく解釈の試みの重要性を力説しているのであるが、その一方で和辻の解釈の行き過ぎを見過ごすわけにはいかないという気持も強く感じていたのであろうか、その論考の本論の終わりを次の言葉で締めくくっている。

「このように、史料取扱いの手続きの上で、博士の所論には、納得できないところがある。こまごまとこれを述べて来たのは、まえがきに述べたような理由からであるが、また、高名な博士の著書であるだけに、全くうのみにする人も多いようなので、ここに私の考えをあえて述べた。(45)」

和辻への肯定的態度

太田の論考には「残された一、二の問題」というタイトルの附論がついており、その末尾では依然として留保付きながらも和辻への肯定的な態度が記されている。

「従来の柱に関する研究は、その意匠のよさを讃えるに止って、それがどのようにしてつくられ、建築史上、どのような地位を占めるかについては、触れるところが、はなはだ少い。その意味で私は、その結論には服しがたいけれども、和辻博士の著書に多くの関心を持つ。(46)」

なおこの附論の中で注目に値するのは、中書院を主とし、古書院を従と見る森の見解に対する共感が示されている点である。太田は両書院の畳の縁の色に注目して、「この両者の畳の縁は、古書院が紺で、中書院は萌黄であるという（堀口三九頁、森二〇二頁）とすると中書院の方が、古書院より格式の高いものであることは、疑うことができない」と言い、「この点、森博士の論に賛成するのである」と述べている。[47] ただし、「他の史料を多く挙げて、この点を明らかにする必要があると思う」としている。[48]

しかし、ここで一つ注意すべきは、古書院と中書院のどちらが主でどちらが従かという主従問題と、どちらの建物が先に建設されたかという先後問題は別であるということである。つまり、主たる建物が先に建てられ、従たる建物が後に建てられるとは限らないであろうし、また先後関係と異なり、どちらの建物が主要な地位を占めるかは必ずしも固定したものではなく、流動的とも考えられるからである。特に畳の縁等は模様替え一つで簡単に替えられるであろうから、用途もしくは優先順位の変更に応じて入れ替えることは簡単だったであろう。

以上、我々は太田博太郎の和辻批判を見てきたのであるが、和辻は三年後に出版した改訂版において、この後輩の指摘をほぼ全面的に受け入れて自説を修正している。それに伴って副題も「製作過程の考察」から「様式の背後を探る」に変更している。ではどのような修正が施されているのであろうか。我々は改訂版の『桂離宮――様式の背後を探る』に目を向けることとしよう。

5 『桂離宮——様式の背後を探る』

†どこが書き直されたのか

本書の構成は『桂離宮——製作過程の考察』と全く同じであり、内容的にも太田博太郎の批判を受けて書き直した部分を除けば同じである。したがって以下では重複を避けるため、その書き直した部分に絞って見ていくこととしたい。

まず冒頭に加えられた「改訂版序」の中で前著に言及した後、和辻は次のように太田からの批判について述べている。

「ところでその後、東京大学工学部建築学科と関係のある『建築史研究』24に、太田博太郎教授が、まことに懇切な態度をもってこの『製作過程の考察』に含まれている誤謬を指摘された。この批判は非常に明快犀利で、わたくしとしては全面的に首肯するほかないものであった。で今回、改訂の機会を与えられたに際して、太田教授の意見を全面的に取り入れ、『製作過程の考察』としてではなく、『様式の背後を探る』一つの試みとして、それぞれ必要な個所を書き改めた。わたくしはそれによって、右にあげたような、同時代における二つの正反対の様式（日光廟と桂離宮を指す。筆者註）の対立の問題について、いくらかでも解決を促進することができれば、幸いであると思う。」（『様式』一九六頁）

このように和辻は太田の指摘を全面的に受け入れる姿勢を明らかにしているのであるが、それでは具体的にどのように書き直されたのであろうか。以下、和辻の叙述の順に従って確認していくことにしよう。訂正箇所は複数にわたるので、理解しやすいように①〜⑦の番号を振ることとする。

†①宴の開催場所とその主人

まず近衛信尋の手紙にある「鏈《くさり》の間」での酒宴に関して（『製作』五〇頁参照）、和辻は次のように書き加えている。

「この宴会は八條宮の新築の数寄屋鏈の間で催されたのであって、正客は近衛信尋であった、とわたくしは解していたのであるが、太田博太郎教授はそれに対して、何の断わりもなしに『鏈の間にて』と言い出す語調から察すれば、これは八條宮の鏈の間ではなく、近衛邸の鏈の間だと見ることもできるであろうと言われた。これはいかにももっともな意見で、『八条どの振舞候て』という文句も『八条どのの御振舞があって』という意味ではなく、『八条どのを振舞申し上げて』という意味に解釈することもできる。そうすればこの手紙の他の部分、特に小堀遠州への礼の言葉をことづける個所など、きわめて素直に理解することができるであろう。」(『様式』二三八〜二三九頁)

このように、和辻は太田の指摘を受けてこの宴の開催場所と、いずれが主人でいずれが客かについては解釈を変更しているのであるが、引用の後に続く手紙の趣旨に関する解釈は全く変えていない。

②書簡の解釈

次なる訂正は、八條宮の日付の無い書簡の解釈をめぐるものである。その手紙には「来月四日、下桂瓜畠之かろき茶やへ、陽明御成に候」とあり、そのお供として四辻中納言、飛鳥井中将の名が挙げられている。和辻は『製作』においては、その中の「六月四日」を元和六年七月四日と推定したのであるが、先に見たように、太田によれば元和六年七月四日には中納言はまだ流刑地の豊後にいたはずであり、不可能な推定ということになる。この点について『様式』の和辻は次のように書き改めている。

「これで八條宮の書簡にある『来月四日』が元和六年七月四日であることは、ほぼ立証されたとわたくしは思ったのであった。しかるに太田博太郎教授は、四辻中納言の流刑赦免が元和六年六月二十七日であり、同人の豊後から帰って参内したのが七月二十一日であることを証明して、一挙にして右の推測を覆えしてしまったのである。」（同、二四三頁）

一見したところ和辻はあっさり降参しているように見えるが、必ずしも失うばかりではなく、この招待について太田が二年早めて元和四年の七月四日であろうとしていることを根拠に、「やはり在来の説のとおり、元和六年六月十八日は桂離宮の造営開始の日であると考えてよい」（同、二四四頁）と、自説を改めて主張している。

†③「御ふしん仰つけられ候はん」の解釈

三番目の修正は、常照院消息の文中にある「御ふしん仰つけられ候はん」の解釈に関するものである。この点についても和辻は、

「わたくしは最初この『普請仰つけられ』という文句を、『八条宮が左京に仰せつけられる』という意味に解したのであるが、太田教授はそれと違って、『左京が職人たちに仰せつける』という意味であろうと指摘された。そう言われてみるとどうもその方が好いようである。」（同、二五四頁）と譲歩するとともに、「ところでこの解釈の相違はまたこの際左京の受けた依頼の内容や普請の内容などに関する推測をも著しく異ならしめるであろう。」（同前）と、それがもたらす帰結も予測している。すなわち、和辻は「普請仰せつけが左京

の職人に対する命令であるとすると、事情はすっかり変わってくる」のであり、「左京は桂の造営についてかなり大きい権能のある役目を引き受けるように申し込まれたのであったかも知れない」と見て、八条宮妃（常照院）の他の書状も引いて、「この庭の造営に関する中沼左京の指導的な位置は、十分に認めることができるであろう」（同、二五五頁）としている。

が、ここでも和辻は肝心な点については譲っていない。和辻は先の譲歩に続けて言う。「しかしそれだからと言って、中沼左京一人がこの庭の作者であったときめるわけにも行かない。前に言ったように左京は、何か困難な事情を押して、八条宮の依頼に応じたのであって、必ずしも初めからすべてを依頼されていたとはみえないのである。それはつまり、庭全体の構図を考えたり、それを数年にわたって徐々に実現して行ったりする立場にあったのが、八条宮自身であって、中沼左京でなかったことを示すのではなかろうか」（同、二五五〜二五六頁）と。やはり和辻にとっては、造営全体の設計者はあくまでも我がヒーロー八條宮であらねばならないのである。

†④「加藤左馬助進上奥州白川石」について

次なる修正は「加藤左馬助進上奥州白川石」である。この石が和辻に強い印象を与え、和辻の考察の中でも格別の地位を与えられていることは明らかであるが、この石についても太田はそれが「奥州」産であることに疑義を呈していた。和辻の立論にとって痛撃とも言えるこの指摘に対して、和辻は次のように応じている。

「ところで太田教授は、この〔加藤左馬助進上奥州白川石という〕伝説に信憑性の少ない点を重視し、最初から『奥州白川石』と伝えられていたかどうかを疑われる。『普通白川石といえば、京都産の花崗岩で、最初白川石とだけあったものを、書写に当たって、『奥州』を付け加えたかも知れぬという恐れもあるからである。』これはいかにも炯眼であって、わたくしはこれを読んだ時、なぜ白川石の伝説を聞いた時に京都の白川石のことを頭に浮かべなかったのかと、自らの放心にあきれたほどである。太田教授によると奥州白川石は安山岩だそうであるが、ここに用いられている白川石が京都産の白っぽい白川石であって、安山岩でないことは明らかである。太田教授の右の批判によってわたくしは奥州白川石という伝説の上に立てた一切の推測が全部崩壊するのを感じたのである。」(同、二九四頁)

これだけ見ると立ち直れないぐらいのショックを受けたように思えるかもしれないが、ここでも和辻はただでは起き上がらない。和辻は続ける。

「しかしそれだけでは、加藤左馬助が京都産の白川石を献上したということの可能性は崩れない」と言い、他ならぬ太田が示唆した別の可能性にその根拠を求める。

「太田教授は八条宮と加藤嘉明との関係について一層確かな証拠を教えられた。『嘉明の娘は日野参議の妻で、かつ昕叔顕晫《せきしゆくけんたく》とも親交があった（鹿苑日録）。昕叔顕晫は毎月十八日の上東門院忌日に八条宮に行っている』というのである。」（同頁）

ここで和辻が取っている戦略は、一方では太田の疑問を受け入れてその主張から「奥州産」は取り除き、他方では太田の示唆を利用して「加藤左馬助進上」に巧みに力点を移すことである。なかなか老獪と言うべきであろうか。

⑤松琴亭の増改築について

五番目に和辻が取り上げる太田の指摘は、考察の中で白川石と並んで重視されている松琴亭の増改築にかかわるものである。和辻は八条宮による「思いのままの普請」との関連で、松琴亭の茶室の普請が「桂離宮の芸術的形成の過程において非常に重要な意味を帯びることになるであろう」（同、三一三頁）と考えたがゆえに、「この茶室の付加される前の松琴亭の姿はどんなであったろうかと想像し、それが茶室の普請によってどういうふうに変化したかを考えてみた」という。しかるに「その際現状と当初の姿との区別を顧慮することを怠り、現状から受けた印象に基づいてかなりほしいままな空想をたくましくしたことは、太田博太郎氏の指摘せられたとおりである」とし、更に続けて「松琴亭がどういう改造をうけたかというようなことは、専門家の綿密な研究を待って初めて明らかにされることであるが、それをただ現状の印象だけで云為しようとしたことは、はなはだ軽率であったと言わなくてはならない。」（同、三一四頁）と、素直に反省している。

が、ここでもまたドイツ語で言う zwar ……, aber（なるほど……ではあるが、しかし……）が登場する。和辻は言う。

「しかし日光廟と同じ時代に、それと極端に反対な特色を持ったこの離宮がどうして生み出されたであろうかと不思議に感じつつ、この建築をながめていたわたくしの心の内に、それと連関したいろいろな臆測を湧き上がらしめたのは、ほかならぬ現在の建物の印象であった。それは歴史的認識の基礎となるものではないが、しかしそういう認識への幾分の刺戟とはなり得るかも知れない。そういう意味でそれらの印象をここに書き列ねておくことは、全然無意味でもないであろう。」（同前）

これまた一見したところ極めて謙虚に見える言葉であるが、その控えめな文言の裏には、己が直観——谷川徹三が「イデエを見る眼」と呼んだもの——に対する秘かな自負が潜んでいるようにも思われる。また和辻の「反省」とは独立に、抑々、現状と元の姿に関する太田の批判がどこまで当てはまるかも問題とすることが出来るかもしれない。というのも、今はない朱塗欄干の橋についての記述に見られるように、和辻もまた〈現〉状と〈原〉状のギャップについては十分意識していたと考えられるからである。このことを考慮すれば、少なくともこの点に関する太田の指摘は必ずしも全面的に妥当するとは言えないであろう。しかし、松琴亭に関しては、もう一点、太田の批判を受けた箇所がある。最後に我々はその点について見ることとしよう。

†⑥松琴亭の軒の線について

さて松琴亭について太田の批判を受けたもう一つの箇所とは、松琴亭の軒の線についての和辻の観察である。すなわち、和辻は東北面について「精確な二等辺三角形が、いわばこの東北面の支配的な形として、上部にかかっていることになる」とし、その三角形を下で受けている軒の線についても、「わたくしの目には、正面の軒の線とは違って、端の反っていないまっすぐな線のように見えた」と述べた上で、太田の指摘を紹介しているが、今回はそれほど素直に従っているわけではない。

「しかし太田教授の指摘によると、この軒の線は決して直線ではなく、正面の軒の線と同じ程度の曲線なのだそうである。そうなるとわたくしの想像はほしいままに過ぎたわけであるが、しかし松琴亭のこの側の屋根の破風の三角形などの与える強い印象が、軒の彎曲を感ぜしめないほどに有力に働いていることは事実なのである。従って改造の有無にかかわらず、現在の松琴亭のこの側面が、正面と異なった印象を与えるという事だけは、決して誤りではない。」（同、三一九〜三二〇頁）

先に見たように、太田は水掛け論になるのを避けようという意図からか、あらかじめ自分の主張が川上邦基の桂離宮の実測図によっても確かめていることを主張している。これに対して、ここでの和辻はむしろ「印象」の優位を強調しているかにも見える。抑々、太田の批判の出発点自体が「印象記ならば、その人の印象として、割合に軽く感じられるところも、歴史の論文としてみると、簡単には見過ごせないように思われる」ところにあったとすれば、和辻の反応は的外れなように思われるかもしれない。しかし、我々が法隆寺の柱について見たように、建築において意識的な視覚補正――例えばパルテノンの柱や基壇における胴ばり（エンタシス）や起《むく》り――が行われていることからみても、和辻の主張を無碍に退けるわけにはいかないように思われる。数値の上では曲線であるはずのものが遠目にはむしろ直線に見えることがある、というよりも、最初からそれを計算に入れて設計することもあるからである。

†御輿寄の沓脱石について

以上、我々は太田博太郎の批判の主な点とそれに対する和辻の応答について、和辻の叙述の順に従って見て来たわけであるが、一点、意識的にか無意識的にか、和辻が太田の指摘を素通りしているように見える点がある。それは御輿寄の沓脱石についての指摘である。

この石に関して、太田は「御輿寄の沓脱石などは、上が曲面になってふっくらした感じを持っているが、沓脱石上ばは平らであるのが普通なだけに、どうしても曲線的なもののうち(ら)に数えたくなる」[49]としているのであるが、和辻は『様式』においても『製作』における記述を変えることはせず、太田に言及することなく、「沓脱ぎ石も、上面はふっくりと彎曲しているに拘らず、側面によって鮮明な、太い直線を見せている」と同じ主張を維持している(『製作』一七三頁、『様式』三二六頁)。

あるいは両者とも石の上面が水平でない点では一致していることからすれば、むしろ石のどの面に着目するかというパースペクティヴの相違と言えるかもしれない。

谷川徹三は岩波版全集の解説で太田博太郎の批判に対する和辻の応答を簡潔に紹介した上で、次のように述べている。

「ここには不確かな歴史的実証以上に、自分の眼を信じようとする、否信じている精神がある。これこそイデエを見る眼で、そのイデエを見る眼は、最初の『印象記』から、『製作過程の考察』を経て『様式の背後を探る』まで、一貫しているところのものなのである。『製『様式の背後を探る』ことのできるのは畢竟この眼で、『印象』とか『臆測』とかいう曖昧な言葉も、それゆえこの眼によって、実は一つの確かなものとして生かされているのである。[50]」

示唆に富む指摘ではあるまいか。

†三つのテーゼ

これまで我々は和辻の桂離宮論について、雑誌「中央公論」に連載された『桂離宮印象記』をはじめとして、『桂離宮――製作過程の考察』、『桂離宮――様式の背後を探る』の三つの論考を照合比較して来たのであるが、それらを貫く基本テーゼとして、以下の三つを挙げ得るのではないだろうか。すなわち、

①桂離宮全体のコンセプトを構想し、その実現に向けて推進したのは小堀遠州でも中沼左京でもなく、八條宮智仁親王その人であったこと。

②三つの書院の中で最初に建設されたのは、古書院であること。

③桂離宮の美を生み出しているものは、面と線、曲線と直線、凸と凹の対照であること。

の三つである。

この三つの基本テーゼの内、①は必ずしも日付の明らかでない史料も含めた文献に基づく推論・仮説に止まらざるを得ず、また③はカント的に言えば美的趣味判断に属するもの

として、①以上に理論的決着をつけるのは困難と思われるが、第二点についてはどうであろうか。ここで我々は、昭和・平成の大修理を通して得られた現時点での知見に照らして、和辻の見解の妥当性を改めて吟味することとしよう。

†⑦昭和・平成の大修理によって明らかになったこと

直接、平成の大修理に関わった佐藤理《おさむ》氏は、雑誌『住と建築』に連載された「桂離宮の修理余録」（5）で和辻を含めた諸家の説を紹介した上で、[51] 次号（6）の冒頭で、「前号は、諸先輩・諸先生の従来の造立過程諸説の概要を記したが、今号は御殿及び茶屋などの昭和・平成の修理によって考察される造立過程の見解を述べる」とし、「元和元年（一六一五）に古書院、月波楼の建物が造立完成したと考えられる」[52] との見方を示している。そして複数の論拠を挙げてこの造立時期についての推測を裏付けるとともに、「古書院が独立して造立されたことがわかる」[53] としている。また中書院は増築されたものと見なされ、「中書院が増築されたときに、古書院の改造も行なわれている」[54] と断定している。

このことからすれば、中書院が先とする森の新説を和辻が退けたのは正しかったことになる。とすれば、「建築家でない博士」の洞察も満更捨てたものではないということになるのではあるまいか。

註

（1）坂部恵『和辻哲郎』岩波現代文庫、二〇〇〇年、一二三頁。

（2）田中久文『日本美を哲学する』青土社、二〇一三年、第六章。

（3）『和辻哲郎全集』第二巻、一九六一年所収『桂離宮——様式の背後を探る』（以下、『様式』と略）。なお『様式』の初版は、一九五八年に中央公論社から刊行されている。

（4）ブルーノ・タウト『日本美の再発見』篠田英雄訳、岩波新書、一九三九年。

（5）ブルーノ・タウト『ニッポン』森儁男訳、講談社学術文庫、一九九一年。

（6）井上章一『つくられた桂離宮神話』講談社学術文庫、一九九七年。

（7）辞典によれば、モダニズムとは次のような運動を指す。「一般的には、既成の価値や秩序に基づく世界に抗して、近代科学や合理主義に基づく新たな世界を支持しようとする姿勢をいうが、美術の上では、キュビスムに始まるモダンアートの動向をいい、建築の上では、ウィーン　ゼツェッシオン、バウハウス、CIAMなどの活動を経て国際様式が確立されてくるモダンムーヴメント（近代運動）の流れ、およびその延長線上にある動向を指すこととなる。」青木繁ほか編『建築大辞典』（第二版）彰国社、一九九三年、一六四八頁。

（8）保田與重郎『日本の美術史』新学社、二〇〇〇年。

（9）佐々木睦朗「建築は美しい——技術と芸術の融合」安藤忠雄ほか『「建築学」の教科書』彰国社、二〇〇三年所収、二九〜三〇頁。

（10）ノイエ・ザッハリッヒカイト（新即物主義）とは、辞典によれば、「一九二〇年代に表現主義に対する反動として興ったドイツ絵画の運動」で、「即物性を強調する姿勢は、当然実用的な機能を持つ造形の領域にも認められるもので、二十世紀初頭以来一九二〇年代に至る建築、デザインに見られる合目的的な造形を求める傾向もこの名で呼ぶことがある」とされる。『建築大辞典』(前掲)、一二八七頁参照。

(11)「桂離宮印象記」『中央公論』一九五五年一月号から八月号にかけて連載。

(12)タウトの見解については、例えば、『日本美の再発見』(前掲)、三二頁参照。

(13)和辻哲郎『桂離宮――製作過程の考察』中央公論社、一九五五年、四三頁、『様式』一二三頁参照。

(14)堀口の所説については、堀口捨己『桂離宮』毎日新聞社、一九五二年、七~一一頁を参照。

(15)「印象記・四」では石ではなく、「合」とあるが、『製作』一二五頁には「石」とあるので、前者は誤植と考える。

(16)堀口捨己『桂離宮』(前掲)、六〇頁。

(17)藤島説については、藤島亥治郎『桂離宮』番町書房、一九四五年、一一〇頁参照。ただし、藤島自身は自説について、「以上は専ら用途と意匠とからの推測であるが、推測は飽くまでも推測であって結論とはせられない。これを固めるためには更に精密な建物の吟味が必要であろう」(同、一一一頁)と述べるとともに、「場合によっては第一次御造営に於いて先づ古書院が建築せられ、次いでその設計を変更して続いて中書院を営んだという推測もあり得る。たゞ、古書院が完成してからでなしに、完成以前に中書院が起工されたというふうに解するのである。さうすれば床下構造の相違も更にあり得べく考えられ得るのである」(同、一一二頁)とも述べている。

(18)堀口捨己『桂離宮』(前掲)、一三頁参照。

(19)太田博太郎『日本建築史序説』(増補第三版)彰国社、二〇〇九年、二四三頁。

(20) 和辻哲郎『桂離宮——製作過程の考察』(前掲)、以下、『製作』と略。
(21) 森蘊『桂離宮の研究』東都文化出版、一九五五年、二二五頁。
(22) 同、一一六〜一一八頁。第五節「古書院移建の可能性とその時期」参照。なお翌年刊行された『新版 桂離宮』(創元社、一九五六年)では次のように書かれている。「古書院の建築物自体は様式の上からして中書院よりは一層古いものではあるが、今のような姿にこの位置におさめられるに至ったのは中書院が設計されると同時に、あるいは中書院をこの位置に配置したその直後に至って、他から移建されたものとの見方も出よう。中書院があくまで主体で、古書院は附属屋といった感じがふかい。」(一一八頁)
(23) 和辻哲郎『制作』一四五頁、森蘊『桂離宮の研究』(前掲)、一一〇〜一一八頁および一七五〜一七九頁参照。
(24) 和辻哲郎『制作』二三〇頁、森蘊『桂離宮の研究』(前掲)、一一〇〜一一八頁、一七五〜一七九頁、一八〇〜一八六頁参照。
(25) 森蘊『新版 桂離宮』(前掲)、跋文より(頁表記なし)。
(26) 堀口捨己「桂離宮を思ふ——森博士の著書を読んで」『建築史研究』第二四号、彰国社、一九五六年、二二頁。なお論駁の対象となっている四点については、森蘊『新版 桂離宮』(前掲)二〇〇〜二〇一頁を参照。
(27) 堀口捨己「桂離宮を思ふ」(前掲)、二二頁。森蘊『桂離宮の研究』(前掲)一一一頁参照。
(28) 堀口捨己「桂離宮を思ふ」(前掲)、二五頁。
(29) 同前。
(30) 森蘊『新版 桂離宮』(前掲)、一一七頁。

(31)太田博太郎「和辻博士『桂離宮』への疑問」『建築史研究』第二四号、一九五六年、二五頁。
(32)同、二五〜二六頁。
(33)同、二六頁。
(34)同前。
(35)同、二六〜二七頁。
(36)同、二七頁。
(37)同、二七〜二八頁。なお、太田論文では「鍵間」となっているが、和辻の引用にある「鍵の間」の方が正しいと思われる。
(38)同、二八頁。
(39)同前。
(40)同前。
(41)原文では、「ものうら」であるが、「もののうち」の誤りであろう。
(42)太田博太郎「和辻博士『桂離宮』への疑問」(前掲)、二八頁。
(43)同、二九頁。
(44)同前。
(45)同前。
(46)同前、三〇頁。
(47)同前。なお太田の原文には森の頁づけが欠けており、「二〇二頁」とあるのは、筆者が『新版　桂離宮』(前掲)に基づいて補ったものである。また、森は古書院の畳の縁の色を、紺ではなく「普通の黒色」としている。

(48) 太田博太郎「和辻博士『桂離宮』への疑問」(前掲)、三〇頁。
(49) 同、二八頁。
(50) 谷川徹三「解説」『和辻哲郎全集』第二巻、四一〇頁。
(51) 取り上げられているのは、順に川上邦基、沢島英太郎、藤島亥治郎、森蘊、和辻哲郎、久垣秀治、川上貢、藤岡通夫、内藤昌の諸家である。なお和辻については、『製作』(前掲)が紹介されている。佐藤理「桂離宮の修理余録(5)」『住と建築』第六五七号、二〇一五年、一〇〜一三頁参照。
(52) 佐藤理「桂離宮の修理余録(6)」『住と建築』第六五八号、二〇一五年、二頁。
(53) 同、三頁。
(54) 同、四頁。

おわりに

以上、我々は従来あまり顧みられることのなかった和辻の建築論を四つの著作――『風土』『古寺巡礼』『イタリア古寺巡礼』『故国の妻へ』――と、「桂離宮印象記」も含め三つの桂論のうちに探って来たのであるが、それが倫理学に関する論考に劣らないだけの鋭さと魅力を具えたものであることを読者に少しでも伝え得たとするならば、本書の目的は達成されたことになる。和辻が建物を前にして再三その〈美しさ〉に感嘆し、曲線と直線、凸と凹といった線と面の呼応と対照によってその美の由って来る所を解明しようと努めていることからすれば、それは建築論であるとともに、一つの美学であると言っても差し支えないであろう。

また『風土』『イタリア古寺巡礼』などにおいて展開される間柄と家屋、さらには都市の構造・構成の間の照応についての比較文化的洞察は、我々自身が現代におけるより良き生と建築のあり方を模索する上で、何がしかのヒントを与えてくれるように思われるのである。

とは言え、和辻の建築論の魅力は、決してその理論的魅力に尽きるものではない。我々は大和路に始まって、アルプスの南と北をめぐり、最後の桂に至るまで、和辻と歩みを共にしてきたのであるが、我々読者を惹き付けるのは、その「イデエを見る眼」を以て捉えられた建築と風土の生彩に富む描写なのではないだろうか。和辻の眼と筆を通して、それぞれの建築と風土がもつ多様かつ多彩な相貌に接して、我々読者は新鮮な驚きと喜びを覚えるのである。

参考文献

和辻の著作

『古寺巡礼』岩波書店、一九一九年／『和辻哲郎全集』（以下、『全集』と略）第二巻、岩波書店、一九六一年
「桂離宮印象記」一〜八、『中央公論』一九五五年一〜八月号に連載
『桂離宮——製作過程の考察』中央公論社、一九五五年
『桂離宮——様式の背後を探る』中央公論社、一九五八年／『全集』第二巻、一九六一年
『風土』岩波書店、一九三五年／『全集』第八巻、一九六二年
『イタリア古寺巡礼』要書房、一九五〇年／『全集』第八巻、一九六二年
『故国の妻へ』角川書店、一九六五年（和辻の死後に、夫人が刊行）
＊なお、「桂離宮印象記」、『桂離宮』および『故国の妻へ』を除く作品は、岩波文庫にも収録されている。

本書に関連する著作（含論文）

芦原義信『街並みの美学』岩波同時代ライブラリー、一九九〇年
——『建築家の履歴書』岩波書店、一九九八年
伊東忠太『法隆寺』創元社、一九四〇年
伊藤ていじほか監修『桂離宮』新建築社、一九九六年

井上章一『つくられた桂離宮神話』講談社学術文庫、一九九七年
太田博太郎『日本建築史序説』(増補第三版) 彰国社、二〇〇九年
――「和辻博士『桂離宮』への疑問」『建築史研究』第二四号、一九五六年
苅部直「和辻哲郎――人間と「行為」の哲学」、筒井清忠編『昭和史講義【戦前文化人篇】』ちくま新書、二〇一九年
九鬼周造『「いき」の構造』岩波書店、一九三〇年
坂部恵『和辻哲郎』岩波現代文庫、二〇〇〇年
佐々木睦朗「建築は美しい――技術と芸術の融合」、安藤忠雄ほか『「建築学」の教科書』彰国社、二〇〇三年
佐藤理『桂離宮の建築――昭和・平成の大修復全記録』木耳社、一九九九年
――「桂離宮の修理余録」(5)『住と建築』第六五七号、二〇一五年
――「桂離宮の修理余録」(6)『住と建築』第六五八号、二〇一五年
ブルーノ・タウト『日本美の再発見』(増補改訳版) 篠田英雄訳、岩波新書、一九六二年
――『ニッポン――ヨーロッパ人の眼で見た日本』森儁郎訳、講談社学術文庫、一九九一年
田中久文『日本美を哲学する』青土社、二〇一三年
谷口吉郎『日本美の発見』、『谷口吉郎著作集』第二巻所収、淡交社、一九八一年
原田多加司『屋根の日本史――職人が案内する古建築の魅力』中公新書、二〇〇四年
藤島亥治郎『桂離宮』番町書房、一九四五年
オギュスタン・ベルク『風土の日本――自然と文化の通態』篠田勝英訳、ちくま学芸文庫、一九九二年
星野勉「和辻哲郎の哲学のポテンシャル」、星野勉編『内と外からのまなざし』三和書籍、二〇〇八年

堀口捨己『桂離宮』毎日新聞社、一九五三年
――「桂離宮を思ふ――森博士の著書を読んで」『建築史研究』第二四号、彰国社、一九五六年
三嶋輝夫「和辻哲郎の建築論」『青山史学』第三一号、二〇一三年
森蘊『桂離宮』創元社、一九五一年
――『桂離宮の研究』東都文化出版、一九五五年
――『新版　桂離宮』創元社、一九五六年
保田與重郎『日本の美術史』新学社、二〇〇〇年
カール・レーヴィット「ヨーロッパのニヒリズム――欧州大戦の精神史的序説（三）」『思想』第二二二号、一九四〇年
Atsushi Tanaka, Die klimatische Umwelt und die Zeitlichkeit - Tetsuro Watsujis Kritik an *"Sein und Zeit"* und die Radikalität der Phänomenologie, 16, Dez.1998 an der Univerisität Wien.（講演：田中敦「風土的世界と時間性――和辻哲郎の『存在と時間』批判と現象学の根源性」現象学（ハイデガー）の立場からする和辻批判）

和辻全般に関する著作

市倉宏祐『和辻哲郎の視圏――古寺巡礼・倫理学・桂離宮』春秋社、二〇〇五年
苅部直『光の領国　和辻哲郎』岩波現代文庫、二〇一〇年
木村純二・吉田真樹編『和辻哲郎の人文学』ナカニシヤ出版、二〇二一年
熊野純彦『和辻哲郎――文人哲学者の軌跡』岩波新書、二〇〇九年
佐藤康邦・清水正之・田中久文編『甦る和辻哲郎――人文科学の再生に向けて』ナカニシヤ出版、一九九九

九年
湯浅泰雄『和辻哲郎——近代日本哲学の運命』ちくま学芸文庫、一九九五年

その他

青木繁ほか編『建築大辞典』（第二版）彰国社、一九九三年
後藤治『日本建築史』共立出版、二〇〇三年
ウェブサイト「国指定文化財等データベース」（https://kunishitei.bunka.go.jp）

あとがき

十年近く前に「和辻哲郎の建築論」という小論を発表して以来、それを何時か一書にまで展開したいとの思いを抱き続けてきたが、その思いは、図らずも今回、畏友、関根清三氏（聖学院大学特任教授・東京大学名誉教授）の御仲介により実現することとなった。ここに氏の長年に亘る御厚意と貴重な御助言の数々に深く感謝申し上げると同時に、出版を御快諾くださった筑摩書房ならびに編集の労を取ってくださった松田健編集長と加藤峻氏に篤く御礼申し上げる次第である。

また、すでに還暦を過ぎた筆者にこの書の基となる在外研究をお認めくださった青山学院大学と、この主題についての小生の萌芽的講義を受講してくださった史学科芸術史コースおよび他学部他学科の学生諸君に、心より感謝の意を表したい。

令和四年一月二十七日

三嶋輝夫

ちくま新書
1643

和《わ》辻《つじ》哲郎《てつろう》　建築《けんちく》と風土《ふうど》

二〇二二年三月一〇日　第一刷発行

著　者　三嶋輝夫（みしま・てるお）

発行者　喜入冬子
発行所　株式会社 筑摩書房
東京都台東区蔵前二―五―三　郵便番号一一一―八七五五
電話番号〇三―五六八七―二六〇一（代表）
装幀者　間村俊一
印刷・製本　株式会社 精興社

ISBN978-4-480-07469-0 C0210